ジャパニメーションの成熟と喪失

宮崎駿とその子どもたち

杉田俊介

Shunsuke Sugita

大月書店

はじめに

戦後日本を代表する何人かのアニメーション作家について論じつつ、すでに古びたと思われている「成熟と喪失」をめぐる問題をもう一度、足元から実直に問い直してみること、それが本書の主題である。

第Ⅰ部では宮崎駿の『もののけ姫』と近藤喜文の『耳をすませば』について、第Ⅱ部では宮崎駿の『風立ちぬ』について主に論じた。第Ⅲ部では、第Ⅱ部までの議論を引き継ぎつつ、「宮崎駿の子どもたち」とも呼ぶべき側面のある庵野秀明／新海誠／細田守の三人の近作について論じてみた。

大まかに言えば、サブカルチャー論の文脈では、戦後日本のメンタリティの特徴は〝成熟の不能〟にあるといわれてきた。それを象徴するのが「オタク」（特に男性オタク）たちの存在である。たとえば庵野秀明は、戦後のオタク男性的な特徴を純粋培養したかのような存在であるが、その庵野の『エヴァンゲリオン』シリーズの主人公、碇《いかり》シンジの父親であるゲンドウは、どんな人間だっただろうか。

彼は、身のまわりの女性や子どもたちに強権的に負担を押しつけ、最前線で戦わせながら、己は身勝手なロマン（母子密着的なユートピアの再生）を夢見ている。つまり、彼のようないい大人であるはずの男性こそが、誰よりもメンタル的に「チルドレン」（ガキ）なのだ。本人もそのことに苦しんでいるが、それを変えることができないのである。

『エヴァンゲリオン』の世界では、基本的に、大人たちが十分に責任を取らず、子どもたちに負担を押しつけ、利己的な陰謀に走り、代理戦争を戦わせているのであり、だからこそ、この世界の社会的な根本問題が永遠に解決しない。それは、社会的現実の問題としても、他人事には少しも思えない。本書の第Ⅲ部でも、性差別、格差問題、気候危機に関連して言及するように、わたしたちは自分たちの世代で解決すべきさまざまな社会問題を先送りにし、将来世代に押しつけ、見ないふりをしているのではないか。

では、この国の大人の男性たち（オールドボーイズ、オトナコドモたち）は、いかにして精神的にも十分に大人になれるのか。すなわち、大人である君たちはどう生きるか。上記の作品たちの中での、大人の男性／父親たちの屈折した描かれ方に注目してみれば、そこには依然として成熟論的な葛藤があり、それぞれの形での懸命な試行錯誤がおこなわれていることがわかるだろう。

宮崎駿、近藤喜文、庵野秀明、新海誠、細田守らの作品の具体的な分析を通して、本書では、最終的に、今のわたしたちに必要なのは「社会変革的な主体」としての「新しい観客」になっていくことではないか、という提案がなされるだろう。

文化／政治、メディア／日常生活などの両面を往還することによって、現実と虚構のいずれに対しても責任を取っていく――そうした社会変革的な主体（新しい観客）に変化していくこと。意識の面で変わったつもりになるのではなく、欲望や生活様式の次元で、具体的に変わっていくことである。

なお本書でわたしは、戦後日本の保守派を代表する文芸評論家、江藤淳の評論（特に一九六七年の『成熟と喪失――〝母〟の崩壊――』）に大きく依拠している。

現代の目から見れば、『成熟と喪失』には数々の限界があるだろう。時代の流れに応じて、それ相応に古びている。とはいえ『成熟と喪失』は、今読み返してみても、さまざまな現代的課題のクリティカルポイントを予感的につかんでもいるように思う。たとえば「母なる自然の喪失」という主題は、心理学的な「母親＝母性＝自然」というメタファーには限界があるものの、明らかに、個人の身体の屈折を通して、フェミニズムやエコロジーの視点を含んでいる。

男性批評家たちのマチズモに厳しいフェミニストの上野千鶴子が、めずらしく江藤淳の批評家としてのあり方を高く評価しているのも、そのこととかかわるはずだ。江藤は男性批評家として、近代性という価値観が女性の身体に強いる両義的な意味合いを、繊細な感性によってとらえていたのだ（本論でもふれるように、現代のフェミニズムの達成からみればそれが不十分なものだったとしても）。

あるいは、アメリカ留学以降の江藤が『アメリカと私』等のエッセイで論じた「近代化＝アメリカ化」の問題は、江藤自身が比較文明論や国家論という側面を強調しているとしても、潜在的にはやはり、グローバルな資本主義の侵食に対する、ぎりぎりの批評でもあった。江藤の感性は、文体上の屈折や言い淀みを通して、そうした次元にも確かにふれえている。

実際に、江藤的な問いを継承する批評家・評論家たちが――それを積極的に継承するにせよ、厳しく批判するにせよ――次々とあらわれてきた。不思議なことに、彼らの思想や政治的立場はバラバラであるにもかかわらず、である。具体的にいえば、加藤典洋（リベラル）、福田和也（モダニスト／ファシスト）、大塚英志（オタク／戦後民主主義者）、上野千鶴子（フェミニズム）、白井聡（左翼）らである。彼らの思想や評価には、広い意味での「江藤淳の子どもたち」と呼びうる側面があるのかもしれない。

あるいは、江藤的課題を情報技術社会におけるオタク的主題にリンクさせた著作として、東浩紀『動物化するポストモダン』、宇野常寛『母性のディストピア』等があり、また藤田直哉「江藤淳はネトウヨの〝父〟なのか？」（『すばる』二〇二〇年二月号）等もある。

消費社会化や情報技術の進歩の「新しさ」によっては、江藤的ジレンマの「古さ」はかならずしも十分に乗り越えられないのではないか。むしろ時代の「新しさ」の見かけの中で、無意識のうちに強化されてきた面がある。戦後の日本人たちの成熟の困難あるいは不可能性という――いわばクラシックでアンティークな――問いに、依然として、わたしたちは欲望や生活の深い部分で呪縛されているように思える。

現代の最先端を走るアニメーション作家たちこそが、そうした「古さ」と「新しさ」の亀裂の中で、大人への成熟の困難に今も執拗にこだわらざるをえないのは、彼らが次のような課題と無関係ではいられないからではないか――。

すなわち、最先端のテクノロジーを用いて新たな映像表現を模索しつつ、自分（たち）の感覚・感性としての「古さ」と対決するということ。少年少女たちを主役とすることによって、作り手としての実年齢はすでに中高年だとしても、「内なる子ども」（インナーチャイルド）の感覚を忘れないでいること。そのような一人二役の分裂した感覚をもって、ゾンビのように終わらない「戦後」としての現代社会に向き合おうとしていること。

だからこそ、「宮崎駿の子どもたち」と呼ぶべき中高年男性のアニメ作家たちは、古びたかに思える現代的な「成熟と喪失」の主題をきわめて切実に引き受け、真剣に悪戦苦闘している、ということなのかもしれない。

作品をたんに消費したり解釈したりするだけではなく(もちろんそのような楽しみ方もまた重要ではあるが)、彼らアニメ作家たちのそうした悪戦苦闘を自分事として引き受けながら、美意識的にも倫理的にも「新しい観客」をめざしていく——そうすることで、わたしたちもまた、来たるべき成長と成熟がどのようなものであるかを、なおも考え続けていくべきではないだろうか。とっくに終わっているはずなのに、いまだに終わりきっていない問題を、どのように終わらせるのか、そして真に新しいものをいかに到来させるか、という問いとして。

目次

I 大人になるための宮崎駿論

『もののけ姫』と『耳をすませば』

アモラルな、この突き放した物語だけが文学だというのではありません。否、私はむしろ、このような物語を、それほど高く評価しません。なぜなら、ふるさとは我々のゆりかごではあるけれども、大人の仕事は、決してふるさとへ帰ることではないから。……

（坂口安吾「文学のふるさと」）

1 「大人の仕事」としての『もののけ姫』

宮崎駿にとって「折り返し点」とは何か

『もののけ姫』（一九九七年）は、宮崎駿にとっての「折り返し点critical turn」となった作品である。たとえば宮崎の評論やインタビューを収録した『折り返し点 1997〜2008』という書物は、『もののけ姫』の話からはじまっている。

しかし、「折り返し点」とは何を意味するのか。宮崎駿の人生にとっての転回点。日本というクニの歴史的な転換点。あるいは、この地球という惑星の生命たちに訪れつつある大変革——。

宮崎駿にとっての一九九〇年代半ばの「折り返し点」という言葉には、そうした複合的な意味、重層的な意味が織り込まれていた。宮崎本人だけではなく、わたしたちの現在と未来をひそかに照らし出すような何かが、依然としてそこにはある。

そして宮崎駿の「折り返し点」とは、そこから新たに「大人の仕事」をはじめる、はじめなおす、という意味でもあった。

『もののけ姫』の企画は、実際に、当時のスタジオジブリにとっても前代未聞の挑戦であり、大きな冒険だった。それまでのジブリ映画の最高額の、さらに倍になる製作費（二〇億円）。興行上の高すぎるハードル。難解で陰惨な物語の中身。それまでのジブリの明るく健全なイメージを覆し、あるいは裏切るような、陰謀や暴力や差別の吹き荒れる画面……。

当初、スポンサーや興行サイドもかなりの難色を示したという。ハンセン病などの差別の問題を正面から描いている以上、これをテレビで放映するのは無理だ、とも言われたそうである。

ところが、いざ映画が完成して、上映がはじまってみれば、『もののけ姫』は空前の大ヒットになり、社会現象を巻き起こすことになった。アニメーションの歴史のみならず、日本の文化的な歴史にひとつの更新をもたらしたとも言える。

それまで日本映画の最高だった『南極物語』の配給収入（五九億円）をはるかに超え、さらに『E.T.』の記録（九六億円）をも超えた。最終的には、配給収入一一三億円。観客動員数一四二〇万人。これは当時の日本映画歴代トップの数字である。

さらに『もののけ姫』は、スタジオジブリ（正式には親会社の徳間書店）とディズニーが本格的に提携した最初の作品でもあった。一九九九年には、ディズニーの配給ルートを通して北米でも公開された。

つまり、『もののけ姫』の成功をひとつのステップボードとして、宮崎駿は、それまでの国民作家の域を超えて、名実ともに世界作家に変貌したのだと言える——宮崎自身はおそらく、そうした格付けになんの興味も関心もないだろうにせよ。

宮崎駿という稀代の物語作家にとっても、『もののけ姫』を完成させることは想像以上に困難なことであり、難産だった。それまでの自分の世界観を一度、完全に捨て去って、新しい境地を切り開かねばならなかったからだ。

『もののけ姫』はもともと、一九八〇年の段階ですでにイメージボードが存在した。一五年以上ものあいだ温めてきた企画だったのである。それだけ、この作品に特別な思い入れがあったのだろう。日本を舞台にした時代劇。しかも、日本人に向けて、新たな歴史像を示すための時代劇。さらには、宮崎が尊敬する映画監督、黒澤明の『七人の侍』という巨大な傑作を、なんらかの形で凌駕することをひそかな使命としていた（宮崎と黒澤の、一九九三年五月の段階での対談が『何が映画か——「七人の侍」と「まあだだよ」をめぐって』という本になっている）。

それまでに築き上げ、熟成させてきた自らのスタイルを捨て去ることは、簡単ではなかっただろう。それは文字通り血と泥にまみれた死闘になった。宮崎駿は、己の限界を踏み越えて、さらに先へと行かねばならなかった。

無事に『もののけ姫』がスケジュール通り公開されたこと自体が、大げさでも何でもなく、奇蹟だったと言っていい。完成後には、宮崎はあらためて引退を口にした。宮崎監督が引退を口にするのはいつものことだが、『もののけ姫』の場合、その心身の疲弊はあまりに深かったように見える。身も心もぼろぼろだった。

わたしは今、あらためて、次のようなことを考えている。

宮崎駿にとって、一九九七年に公開された『もののけ姫』は、決定的な「折り返し点」となった。しかし、そのことの意味を、わたしたちはこれまで、受け止め損ねてしまってきたのではないか。あれから二十数年が経った今でも、そのことに十分に向き合えていないのではないか。それはどういうことだろうか。

*

まずは少し、『もののけ姫』を論じる上での個人的な背景について書いておく。

わたしは二〇一四年の春に、『宮崎駿論――神々と子どもたちの物語』（ＮＨＫ出版）という一冊の宮崎論を刊行した。この本について、政治思想家の中島岳志は、ラディカルな何かを渇望してしまう杉田の欲望を静かに諫めるようにして、次のように書いた。

「キキは町の暮らしに溶け込み、何とか生きていく。壮大な成功がある訳でもなく、英雄になることもない。小さな親切に支えられ、時に嫌な人とも折り合いをつけていく」「世界は普遍的に『魔女の宅急便』の希望に落ち着くのではないか」（「毎日新聞」二〇一四年五月一八日朝刊）

あるいは作家の浅尾大輔は、同書の書評の中で、わたしに向けてこう問いかけた。

「杉田よ。大人の罪は、どうなるのか?」「ナウシカは知る由もないが、私は、この現実にとどまって一〇〇〇年前に失われた旧世界の責任を問おう。笑わないでほしい」(「子どもの目」『すばる』二〇一四年八月号)。

いずれも『宮崎駿論』の核心に深く踏み込んでくれたものであり、その上での真剣な批評である。わたしは嬉しく思った。同時に、そこには爽快な痛みがあった。真っ当な「大人」としての「責任」——。その後、彼らの問いかけとしての批評の言葉が、日常のある瞬間にふと頭をよぎって、たびたびわたしを立ち止まらせた。今までの自分は何かを微妙に、致命的に間違ってきたのかもしれない。やがてわたしの心の中に、もう一度宮崎駿について何かを書きたい、むしろ書かねばならない、しかも、わたしの人生の「折り返し点」となるような書きざまで、宮崎作品という神々の山巓に再挑戦してみたい。そうした気持ちが徐々に育っていった。

中でも、気になっていたのは『もののけ姫』であり、アシタカ青年のことだった。『もののけ姫』は、わたしにとって、数ある宮崎作品の中でも特にわかりにくい作品であり、いわば厄介な躓《つまず》きの石に感じられていた。

一冊の宮崎駿論を書き終えたにもかかわらず、『もののけ姫』という作品にちゃんと向き合えた気がしなかったのである。しかしそれは、根本的に、わたしが『もののけ姫』から『風立ちぬ』へと至る、一九九〇年代半ばの「折り返し点」以降の宮崎駿の道行きを、どこかで捉え損ねてしまった、受け止めきれなかった、ということをも意味するのではないか。

そのように考えるようになったのである。

『もののけ姫』は、漫画版『風の谷のナウシカ』の一三年にもおよぶ断続的な連載が終わった後に、宮崎駿がはじめて手がけた長編アニメーションである。長いアニメーター人生の「折り返し点」を刻んだ物語の中で、宮崎はなぜ、アシタカというひとりの青年を主人公に選んだのか。

*

結論を先取りしていえば、宮崎にとっての「折り返し点」とは、物語としてのアニメーションを、あらためて「大人の仕事」として作り直すことだったのではないか――それがわたしの仮説である。『もののけ姫』が劇場公開されたとき、宮崎はすでに五六歳である。そこからやっと、大人の仕事が本格的にはじまったのだとは、やはりずいぶんとオカシな話であり、奇妙な物言いではあるだろう。しかし、宮崎駿という天才的な物語作家にとって、アニメ作りを「大人の仕事」へと折り返し、高めていくことが何を意味したのかと考えてみれば、それは決してわかりやすい話ではない。

「大人の仕事」――。

それはおそらく、次のようなことだ。

この世界を改良し変革しようとする若者たちの側、ナウシカやアシタカたちの側に立とうとするのではない。まもなく古びて亡びていく旧世代の側の存在として――あるいはむしろ、若者や子どもたちの手によって正当に打ち倒され、滅ぼされていく側の存在として――、この世界に向き合い、状況をほんの少しでもまともにしようとすること。そのために、汗や血、泥や糞尿にまみれて、疲労困憊の中で、それでもできる限りの試行錯誤を重ねていくこと。おそらくそれが、この時点での宮崎がつかみ直した「大人の仕事」の意味なのだ。

確かに、宮崎は一貫して、アニメーションは子どもたちのために作られねばならない、と主張してきた。しかし、宮崎が本当の意味で、間もなく亡びていく存在の側から、これからの未来を生きていく若者や子どもたちに向けてアニメーション映画を作ろうとしたのは、じつは『もののけ姫』がはじめてだったのではないか。

それならば、この「折り返し点」においては、はたして何が起こっていたのか。そこには想像以上に厄介な謎があり、複雑なわかりにくさがある。

これから見つめていくのは、そうした重層的な複雑さを内包した宮崎の「折り返し点」の意味なのだが、おそらくはその「折り返し点」へと遡行し、そこを光源とすることによって、観客としてのわたしたちは、映画公開からすでに二〇年近くの時が過ぎた現在のこの国のありようを、そしてこれから若者や子どもたちが生きていくこの惑星の未来を、あらためて、照らしだしてみることができるはずだ。

生きろ、コンクリートロードの子どもたち

宮崎は、あるインタビューで、一九九五年の『耳をすませば』と一九九七年の『もののけ姫』は、「思想的にいえば」「同じ基盤」に立っている、と言っている（「森の持つ根源的な力は人間の心の中にも生きている――『もののけ姫』の演出を語る」『シネ・フロント』一九九七年七月号、『折り返し点』所収）。

これはいささか奇妙な発言である。

というのは、『もののけ姫』は中世室町時代の日本を舞台とし、人間と神々の血なまぐさい闘争や諍いを描いた作品である。他方で『耳をすませば』は、現代日本の多摩ニュータウンを舞台とし、思春期の少年少女の、等身大のさわやかな恋愛や成長をテーマとしている。

普通に考えれば、これらの作品はむしろ対極にあるもの、正反対にあるものと言えるのではないだろうか。少なくともわたしは、宮崎監督のこの発言を読んだときに、ちょっと驚いたことを覚えている。

『耳をすませば』の監督は、宮崎駿・高畑勲を長年支えてきた職人肌のアニメーター、近藤喜文である。しかし、よく知られているように、この『耳をすませば』の製作には宮崎がかなり積極的な形で関与している。『耳をすませば』は事実上、近藤と宮崎の共同監督と呼ぶべき作品だろう。

当時の製作の流れを確認しておこう。

『もののけ姫』と『耳をすませば』は、漫画版『ナウシカ』の雑誌連載が終わったあと、宮崎監督がさらにその「先」をめざすために試みたプランの、いわばきょうだいのような作品であり、ひとつのプランが次第に二つに枝分かれしていった、双子的な作品である。そのように考えられる。

そのことを確認した上で、先ほどの『耳をすませば』と『もののけ姫』は「思想的にいえば」「同じ基盤」に立っている、という発言の前後をあらためて読んでみると、ここでの宮崎のロジックは、やや入り組んだものになっていることがわかる。わかりづらいが、大事なところだ。ていねいに熟読してみよう。

僕は思想的にいえば『耳をすませば』と『もののけ姫』が同じ基盤に立ってると思っているんですが。（中略）

『耳をすませば』はここまでは言える、ここから先のことについては触れないでおこうと、はっきり線を引いて作っています。そのとき触れなかったものが『もののけ姫』の中にある部分なんです。僕はコンクリートロードの中で暮らしている人間たちが、どういうように生きていくかというときに、別に新しい生き方があるわけじゃない、クラシックな生き方しかないと思っていますので、そういう生き方でいいんだという指摘をし、そういう生き方をする人にエールを送りたかったのです。そして、自分たちが生きている時代はこういう世界なんじゃないかということを示したかった。順番は逆になりましたけど、『耳をすませば』も『もののけ姫』も、そういうことで作っています。（引用A、『折り返し点』三一－三二頁）

（1）宮崎はまず「自分たちが生きている時代はこういう世界なんじゃないかということを示したかった」と述べる（世界認識の問題）。それは『耳をすませば』でいえば「コンクリートロード」という言葉によって象徴されるような世界観だろう。つまり、現代人にとっては、もはや帰るべき故郷（カントリー）はどこにもない。故郷喪失がすでに当たり前の生存条件になっている。それが『耳をすませば』と『もののけ姫』がひそかに分かち合っている世界観なのだ、と言っているのである。

（2）それならば、そうしたカントリーなきコンクリートの世界の中で、子どもたちはどうやって生きていけばいいか（生き方の問題）。これについて、宮崎は次のように考える。どんなに時代が変化したとしても、人間たちの手元にはそんなに新しい、斬新な生き方があるわけではない。つまり「クラシック」な生き方しかない。だから、それでいいんだ、迷わなくていいんだ、そういうエールを若者たちに送りたい、と（のちほど論じるが、それは広い意味での「職人」として生きていく、という道を意味している）。

（3）しかし、宮崎はその上で、次のようにも言う。『耳をすませば』はあくまでも「ここまで」を描くと、最初からはっきりと線を引いて作られた作品にすぎなかった。しかし『もののけ姫』では、『耳をすませば』が「触れなかったもの」の領域へとさらに踏み込んでいくことをめざしたかった、と。

では『耳をすませば』という作品の中では「触れなかったもの」とは、具体的には何のことだろう。その「触れなかったもの」について考えるために、【引用A】のさらに前後の宮崎の発言をあわせて読んでみよう。

そういった、この時代が持ってる通奏低音みたいなかたちでずっと鳴ってる問題を、子どもたちは本能的に察知していると思うんです。自分たちは祝福されていないとか、ババを引いてるという気分があって苛立っているのに、それにたいして大人たちは明瞭な答えをひとつも与えていない。（引用B、同書三〇頁）

これは【引用A】の（1）の論点（世界認識）の補足としても読める。そして「大人の仕事」の問題にかかわる。

続いて、次の箇所を見てほしい。これは【引用A】の直後の発言である。長い引用になるが、これも重要なところだ。


人間の歴史ってそういうものなんですね。戦争やったおかげで女性の職場進出がすすんだりするわけです。僕は複雑な部分は切り捨てて、善と悪だけで見ようとしても、物事の本質は摑めないと思います。そういうつもりでこの映画を作りましたから、だれを悪役にするか、だれは悪役にしないかといった区分けはしておりません。とりあえずサン（もののけ姫）とアシタカはあまり手が汚れていない。といっても、まだ子どもで手が汚れるほどの生活をしていないというだけのことですけどね。彼女や彼もこれからそういう生活がはじまるんだし、困難が訪れることが予想されます。でも、その他大勢の人間たちはすでに手を汚してる。しかし、それぞれが理由を持っていて、手が汚れたものは排除すればケリがつくという単純な問題じゃないですから、その面倒臭い部分をも抱え込んで僕らは生きていかなきゃいけないんですね。（引用C、同書三二頁）

どうだろうか。

これはたぶん、次のようなことではないか。

歴史の渦中を生きるとき、わたしたち人間は、善と悪をはっきりと切り分けることができない。一部の悪人や権力者、あるいは既得権の持ち主を打倒すれば、社会のあり方がよりマシになる、ということにはならない。それればかりか、善や正義をめざした行動が、結果的に、地獄のような悪を生み出してきた。それが人間の歴史の進みゆきの恐ろしさである。ある意味では、目の前の現実は、他の誰でもなく、「大人」たち全員が良かれと思って必死にやってきたことの結果そのものなのだ。

それを宮崎は「手が汚れる」と言う。

『もののけ姫』の中の「その他大勢」の「大人」たちは、誰もが、各々の暮らしの必要に応じて「手が汚れる」ことをしている。アシタカやサンの生き方がどこか純粋さを残したもの、イノセントなものに見えるとしたら、それはただ「まだ子どもで手が汚れるほどの生活をしていな」かったからにすぎない。こうした宮崎の言葉は、残酷なまでに、アシタカやサンの人生を突き放している。

たとえば『もののけ姫』では、特注の絵コンテ用紙が使われている。これは従来よりもコマが大きく、ロングショットを描くのに適した用紙だったそうだ。宮崎はなぜ『もののけ姫』で、そうした新しい絵コンテ用紙をわざわざ用いたのか。それは、アシタカやサンたちの内面にあえて寄りそわずに、彼らの苦悩や行動を突き放して、客観的なものとして叙事的に描くためだった、と宮崎は述べている。だから宮崎は言う。かえって、『もののけ姫』の物語が完全に終わったあとに、アシタカやサンにとっても「そういう生活がはじまるんだし、困難が訪れることが予想されます」。

そして宮崎はさらに、『もののけ姫』について次のようにも述べる。「こんがらがってる部分をこんがらがってるまま見せることにしたんです」——そして「そこを小学生たちに見てほしいですね」(同書三三頁)。

付け加えるならば、ここで重要なのは、じつは宮崎本人にとってすら、『もののけ姫』という作品が完成してしばらく経ったあとでようやく、「小学生たちに見てほしい」とはっきり思えるようになった、という事実である。

『もののけ姫』は大人向けの作品であり、子どもたちには見せたくない。宮崎は当初、そう考えていたのだ。ところが、いざ作品が完成してみたら、それはやはり、子どもたちに向けて作られた作品になっていた。そのように言うのである。

当初の予定よりも子どもっぽい作品になった、というのではない。残酷で希望のない泥沼の現実を、「わからないまま」に描いたはずの大人向けの作品が、残酷で希望がないそのままに、子どもたちに向けたアニメーション映画になっていた。そういうことがおそらく言われている。意識の上では否認しながらも、宮崎の無意識は、ほんとうは一貫して、子どもたちに向けて『もののけ姫』を見せることを欲望していた。そのことがわかったのは、宮崎自身にとってすら、作品が完成したその事後だった。どうも、そういうことらしい。

それはつまり、宮崎もまたぎりぎりの試行と錯誤、悪戦と苦闘を重ねながら、『もののけ姫』を「子どものための映画」として作ってきたのだ、という意味である。はたしてこんな映画を作ることは正しいのか、まっとうなことであるのか、こんな映画を子どもたちに見せることはゆるされるのか。そういう思いとともに創作し続けてきたのだ。

宮崎は、作品公開から四カ月が過ぎても「自分が何を創ったんだろうということを総括し終っていない」と言っていた。もともと宮崎は、『もののけ姫』を作るにあたって、自分たちが今、直面している最大の問題を避けてしまえば、わざわざ長編映画を作る意味がない、と考えていた。しかも、その最大の問題とは、普通の意味での「言葉」によって捉えることのできるさまざまな社会問題のひとつではなく、いまだ消化しきれず、はっきりしたテーマの形すら成さない、つまり作品全体の悪戦苦闘そのものによって何とか表現するほかない、そうした意味での「問題」だったのである。

一九九七年六月二五日の完成記者会見の場でも、宮崎はこう言っていた。この世の中について、大人たちが十分に説明できていないんです。わたしがわからないと思っているものを、子どもたちもまた同じように疑問に思っているのではないか。安直に答えが出るわけではないが、同じ問題を抱えて、同じ時代に生きている、ということだけは映画を通して伝わるはずだ……。

「子どもたちに見せたくない」という消極的な躊躇から、「子どもたちにこそ見てもらいたい」という積極的な欲望への、この、クリティカルなターン。それは、宮崎自身にとってすら予想外の決定的な不意打ちであり、いわば恩寵のような「折り返し点」だったのではなかったか。

善悪や真偽や美醜などの、さまざまな人間的な価値の基準が「こんがらがって」雑ざりあってしまうこの世界——ポストモダンでノンヒューマンな世界——の中を、血と泥にまみれて生きのびていくこと。もはや大人も子どもも、誰もが等しく「手を汚し」て生きねばならない。それがわたしたちにとって歴史に対する責任を引き受けて生きていくということなのであり、『耳をすませば』の物語ではまだ「触れなかったもの」のゾーンに踏みこんでいくことだった。

では、何もかもが「こんがらがって」いく世界の中で、子どもたちが「手を汚し」ながら成長し、成熟していくとは、何を意味するのか。そして、そんな子どもたちの背中を押すための「大人の仕事」とは、何か。新しい世界の中で生きていく若者や子どもたちに対して、古びて亡びゆく側のわたしたち大人は、それでもなお、何が言え、どんな仕事ができるのか。

『もののけ姫』を完成させることが本当の意味で「大人の仕事」になるためには、宮崎は、作品(物語商品)のレベルによってこそ、子どもたちにそのことを――「大人の仕事」の意味を――伝えねばならなかった。

ノンヒューマン(非人間的)な世界の中で

漫画版『風の谷のナウシカ』は、一九八二年に『アニメージュ』で連載がはじまり、四度の休載をはさみながら、一九九四年にようやく物語が完結している。宮崎は一三年もの長きにわたって、この漫画と取っ組み合ってきた。

アニメ映画版の『風の谷のナウシカ』が完成し、劇場公開されたのは一九八四年のことである。しかし、この映画版は、それから約一〇年後に七巻の分量をもって完結した漫画版『ナウシカ』の、わずか二巻の、その途中までのストーリーをまとめて、アニメーション映画としての形を整えたものにすぎなかった。

では、漫画版の『ナウシカ』が最後にたどりついたのは、どんな場所であり、どんな世界認識だったのか。

宮崎は、一九九〇年前後に「いま時代は転換点にきている」と強く感じた、と語っている(「『紅の豚」公開直前インタビュー」一九九二年、『出発点 1979〜1996』五一九頁)。一九九〇年代の転換点。折り返し点。それは次のような意味である。

一九八〇年代までは、まだ、「世界は終わる」という終末論的な未来のイメージがあった。日本は経済的にも文明的にも成長していくけれども、ある日「ドカーンとなにかがはじけて」、それまでの繁栄も文明も一挙に滅びる。関東大震災がもう一度来て、東京が一面、焼け野原になったら、阿鼻叫喚でひどいことになるが、「どこかでみんなそうなったらせいせいするだろうなという、願望」が根深くあって、そうした気持ちを否定できなかった。「一種、終末観すら甘美だった」のである。

けれども、一九九〇年代に入って、冷戦体制は崩壊し、世界の各地で泥沼の民族紛争が激化し、日本ではバブルがはじけて、わけのわからない世の中になった。この世界には「潔い終末はこない」。そのことを、思い知った。人間は「グチャグチャになりながら、それでも生きていくしかない」。

これからはアトピーだらけになり、エイズだらけになりながら、世界人口百億になっても、それでもひしめき合いながら生きていかなきゃならないんだと。自然の環境保護も、もっといろいろやらなければいけないし、必死にやるけど、でも空気がますます汚れ、それでも生きていかなきゃならないんだと。(中略)

二十一世紀というのはケリがつかない。全部引きずって、同じばかなことを繰り返しながら、それで生きていくしかない。そういう見極めがついたんです。(『出発点』五二〇頁)

多くの人が指摘するように、漫画版『風の谷のナウシカ』や『もののけ姫』は、いわば「ポスト冷戦体制」の世界観を前提としている。冷戦後の状況にじわじわと波及し、世界中を侵食していったのは、民族どうしの泥沼の紛争だった。しかし、それを「東西冷戦体制の終わり」という「大きな物語」によって名付けてしまえば、見えなくなる歴史性がある。宮崎がこだわったのもそのことである。そうした見えにくくわかりにくい、散文的で複合的な紛争の歴史に対峙することによって、この時期の宮崎駿は決定的なダメージを受けている。世界観を変えられてしまった、と言ってもいい。人間は結局、過去の戦争や殺戮の歴史から、何も学べないのか。何も変わらないのか。あらためて、そう痛感したという。

漫画版の『ナウシカ』の物語が最後にたどりついた場所——。

抽象的な言葉を使えば、それは、従来の「人間」たちの道徳観や美意識がもはや成り立たないような、徹底的な意味でのポストモダンな世界であり、ノンヒューマンな世界だった。

ノンヒューマン（徹底的なポストモダン）とは、何を意味するのか。

人類にはすでに、どんな理念も意味も目的も存在しない。たとえば漫画版『ナウシカ』では、人知を超えた神聖な存在であると信じられていた王蟲《オーム》や腐海の生態系すら、じつは人間たちが操作して作り出した科学技術の産物にすぎなかった、という衝撃的な事実が判明する。この世界の中では、そもそも、人為／自然、真実／虚偽などの区別それ自体が成り立たない。あらゆる人間的な価値観が流動化し、相対化され、再帰的な問い直しの対象になっていく。

漫画版『ナウシカ』が描いたノンヒューマンな世界とは、科学技術によって生命そのものを作り出し、改造し、市場経済によって売買することができる世界であり、徹底的にポストモダンな世界である。戦争やテロのために子どもたちの命を犠牲にすることも、化学兵器を用いた無差別殺傷も、人造の怪物やミュータントを創り出すことも、何もかもがゆるされている。

フィクションの中の話に限らない。情報技術、遺伝子工学、再生医療、脳科学、戦争経済、金融工学、グローバル市場経済……等々が複雑に絡まり合いながら、従来の人間たちの道徳観や価値観を無意味化し、平等に押し潰して、その先に新しい世界像を開きつつある。たとえば国家プロジェクトとしてのゲノム解析が完了した今、人間の本質（魂？）をたんなる情報や商品として売り捌《さば》くという流れを止めるものは、すでに何もない。宮崎は、大胆な直観の力によって、そうした人類の、あるいはこの惑星の「折り返し点」の意味をつかんでいた。

アメリカの政治学者フランシス・フクヤマは、リベラルな民主主義＋自由主義経済の完全勝利によって「歴史」は「終わり」をむかえ、これ以降は本当に新しい歴史的な事件は起こりえなくなった、と皮肉まじりに書いて世界的な論争を巻き起こしたことがある。ベルリンの壁が崩壊して間もない頃である。人類の歴史は、普遍性の名のもとに進歩を続け、ファシズムとコミュニズムのいずれの政治体制をも葬り去った。「歴史」が終わったあとのリベラルな「最後の人間」たちは、平等な自由と幸福をかちとったが、彼らは「気概」を失って画一化された「奴隷」のようなものであり、その命の尊厳は動物のそれと変わらないのではないか……（『歴史の終わり』原著一九九二年）。

しかしもちろん、「歴史の終わり」（ポストモダン）の後も人類の血みどろの民族紛争や宗教戦争は止まらなかった。宮崎駿が漫画版『ナウシカ』で人工的なユートピアを厳しく批判し、あるいは多民族国家の終わりのない紛争と内戦の中に新たな世界史的な段階の兆候を感じとったのは、そのような状況においてだった。

たとえば、オゾンホールの解明でノーベル化学賞を受賞したパウル・クルッツェンは、人類の活動が地球に与えた影響があまりにも大きいため、地球は地質学的なレベルで「人新世」(アントロポセン)と言うべき新たな年代へと突入したのではないか、と主張した。一万二〇〇〇年に及んだ温暖な完新世が終わり、新たな人新世の時代がはじまったのだ、と(篠原雅武『人新世の哲学』参照)。

人類の発展はもはや、大気や気候レベルで地球環境を変化させている。しかも人類がかつて経験したことのない速度で。たんに自然を開発し囲い込み、切り崩すのみならず、あるいは部分的な地域の汚染や公害問題のみならず、人間たちが制作した人工物が地球の表面を完全に覆いつくし、惑星レベルの自然や気候にまで決定的な影響を与えている。わたしたちはすでに、人間の力を超えた崇高な自然の恵みや再生力(レジリエンス)を素朴に信じうる、という段階にはない。あるいは、自然を収奪し環境を破壊する人類の罪深さ、という裏返しのヒューマニズムもまた無意味だろう。

社会学者の稲葉振一郎は、社会主義的な計画経済が破綻し、リベラルな市場経済が発達する中では、人間の身体(人的資本)もまた、ある意味ではサイボーグ的に改造しうるものとなり、ポストヒューマン的な状況(リベラルな価値観と人間改造への志向が両立しうるような状況)へと近づいていく、と論じている。そこでは人々は「優生学的操作・サイボーグ的改造と、子どもに対して親が望むような教育をなすこととの間に、本質的な違いはあるのか?」という問いの前に躊躇し、佇《たたず》むほかなくなる(『「資本」論』)。

わが子を愛するがゆえの人体改造や子どもの遺伝子操作（デザインベイビー）と、通常の意味での教育や育児への投資のあいだに、はっきりとした線が引けなくなっていくほどに徹底化されたリベラリズムの世界。漫画版『ナウシカ』や『もののけ姫』の世界観に即すなら、それは、国際政治的な位相でいえば〈ジェノサイドや民族紛争をすら、エンターテイメントやテーマパークとして消費することが可能な世界〉であるかもしれない（廃墟化したテーマパークと、八百万の神々の世界と、収容所的な強制労働の現場とが地続きになった『千と千尋の神隠し』）。あるいは人権問題やマイノリティ問題の位相でいえば、〈当事者の切実な声やマイノリティの実存を懸けた抵抗運動をすら、たんなる無数の利権団体の中のひとつとして処理し、マイルドに無力化しうる時代〉であるかもしれない（『もののけ姫』のエボシ御前がアシタカに対して残酷かつ倫理的に言い放つ、「賢《さか》しらにわずかな不運を見せびらかすな。その右腕、切り落としてやろう」という決定的な批評の言葉）。

それならば、「人間らしさ」が根源的に毀損されたノンヒューマンな世界の中で、わたしたちが生きる意味、理由とは何か。素朴な言い方をすれば、若者や子どもたちに対して、どんなにつらく苦しくても生きねばならない、命は素晴らしい、と心から言い切れるとしたら、それはなぜか。それとも、非人間的な世界にふさわしい、非人間的な倫理の形があるのだろうか。

こうした生存環境の非人間的な変化について、感情的に反発したり、せっかちに道徳的に論難することには、おそらく、もはや意味がないのだろう。あるいは逆に、それを全肯定したり、利点や希望ばかりを都合よく数え上げることにも、意味がないのだろう。わたしたちには、安易な希望も安直な絶望もゆるされていないのだろう。

＊

ひとまず重要なのは、一九九七年の『もののけ姫』という作品が、一九九四年に連載完結した漫画版『ナウシカ』がその長い泥沼の試行と錯誤、悪戦と苦闘の果てに向き合おうとした世界の、さらに「先」をめざすものとして構想されていたはずだ、ということである。

その「先」とは何のことだろうか。

現時点で言えるのは、アシタカやサンたちにとっては、漫画版『ナウシカ』の最後に、祈りのように口にされた「さあみんな／出発しましょう／どんなに苦しくても／生きねば……」という結論では、何かがすでに物足りなくなっていた、限界を超えてみせなければならなかった、という過酷な事実である。

くりかえすが、そうした宮崎駿の「折り返し点」としての『もののけ姫』の非人間主義的な転回の意味については、すでに公開から二〇年近くが過ぎた今現在に至っても、いまだに十分に理解されてはいない、正面から受け止められてきたとは言えないのではないか。

まずひとつ言えるのは、宮崎がここで捨て去っているのは、いわば「人間」主義である、ということだ。

「人間」主義とは、たとえば、人為的な手段（革命など）によって、合理的に、ユートピア的な世界を実現できる、世界を改良し改善できる、というような人間中心的（ヒューマニズム的）な理想主義のことだ。「世界の終わり」という終末論的な想像力は、そうした人間中心的なユートピア思想と表裏一体なのである。そこにはまだ、わたしたちは人為的にこの世界を滅ぼしうる、人類にはそれだけの力がある、という傲慢な思い込みが残っているからだ。だから宮崎は、かつては終末論すら甘美だった、と言った。これに対し、ユーゴスラヴィア紛争以降の歴史は、宮崎の中のノンヒューマンでポストモダンな世界観を、おそらく、決定的に推し進めた。どんな価値観やイデオロギーも相対的なものにすぎない、という話とも少し違う。相対主義というニヒリズムに逃避することすら不可能な世界の中に自分たちはいる、ということだ。

宮崎が言った「二十一世紀というのはケリがつかない」とは、いろいろあったとしても人類は存続するし、永続するだろう、という話ではない。逆である。人類は亡びうる。絶滅しうる。しかもごくあっさりと。

『もののけ姫』をめぐる四〇〇分近いドキュメンタリーのラスト近くで、宮崎ははっきりと、カメラの前でそう宣言している(『「もののけ姫」はこうして生まれた。』一九九八年)。人類の価値は、他の無数の動植物たちと、まったく等しい。多くの生物種が日々絶滅しているように、人類もまたあっけなく、無意味に絶滅しうるだろう。たとえ人類が絶滅したとしても、地球上の生命たちには別に終末が訪れるわけではない。海や木々や虫たちは、明日も、当たり前のように存続していく。それだけの話である。そこには終末論という人類中心的な意味づけが成り立たない。「人間」の立場ですべてを語るわけにはいかない。

しかし、それで構わないではないか。たとえそうであっても、人類の多くは、絶滅までの日々を、結構楽しく、幸福に生きていくだろう。よくも悪くも人間とはそれくらいのもの、その程度の生き物なのではないか……。『「もののけ姫」はこうして生まれた。』の中の宮崎は、すでに絶望とも希望とも、諦観とも楽天ともつかない口調で、カメラに向けて、そんなことを語っていたのである。

考えてみよう。何より、未来の若者や子どもたちには、選択や変更の余地などないのだ。非人間的な世界の渦中を、これからも生きていくしかない。たとえ現在の大人たちが、来《きた》るべき世界に対して違和感や不気味さの感情を打ち消せないとしても、新しく生まれてきた子どもたちや若者たちにとっては、それは喜ぶべきことでも悲しむべきことでもない。子どもたちはただ、そうした生存環境の中で、彼らなりの必然に促されて、必要なやり方で、成熟や成長の作法を学んでいくだけだ。

この世界で生きていくには、それにふさわしい非人間的な倫理が必要になる。では、そうした惑星規模の非人間的でポストヒューマンな転回=「折り返し点」のあとの世界で、大人たちには何が言え、何ができるのか。「大人の仕事」とは何か。そして『もののけ姫』という血みどろの困難な仕事は、子どもたちにどんな未来の姿を見せることができたのか。

『もののけ姫』製作までの悪戦苦闘

『もののけ姫』を創作することは、宮崎自身にとってもきわめて過酷なことであり、それまでのやり方の根本的な転回を迫られることだった。

宮崎はたとえば、物語の主人公を、もののけ姫（サン、三の姫）から途中でアシタカ青年へと変えている。また宮崎は一時、タイトルを『もののけ姫』から『アシタカ䕶記《せっき》』へと変更しようとしたこともあった(「翦記」は宮崎の造語)。この作品の主人公は、もののけ姫(サン)ではなくアシタカのほうである、と製作の途中ではっきりと気づいたからだという。

しかし、商業上の理由から、鈴木敏夫プロデューサーは、タイトルはもとの『もののけ姫』のままのほうがいい、と宮崎の説得を試みた。頑固な宮崎はその説得に応じなかったが、鈴木は後日、日本テレビでの特報スポットCMの第一弾(一九九五年一二月二二日)で、宮崎本人には内緒のまま、ジブリの次回作として『もののけ姫』というタイトルをお茶の間に流してしまった。しばらくのちに、宮崎は人づてにそれを聞いて、なかばなし崩しに『もののけ姫』というタイトルへと戻すことに納得したらしい。

重要なのは、もともとあった『もののけ姫』のプランを、宮崎は一度、完全に放棄しているという事実である。そもそも宮崎は、提出する企画がことごとく現実化しない、うまくいかない、という不遇の時代に、時代活劇『もののけ姫』のイメージボードを作成していたのだった。一九八〇年のことである。当初の『もののけ姫』のプランは結局、テレビ局や映画会社への売り込みに失敗している。アニメ化されることもなく、一九八三年に『イメージボード集』という本に収録されるにとどまった。

それをひとつの区切りとして、宮崎はいったん『もののけ姫』の映画化を断念している。そもそも、物語の中身としてもまだ熟し切っていない、物足りない、そう感じてもいたという。このイメージボードのままでは、既存のさまざまな民話や映画からの借り物、そのたんなる寄せ集めにすぎず、「日本史や農耕文化史、大きな歴史観が劇的に変わりつつある時代に居あわせながら、その成果が少しも反映されていません。こぢんまりし過ぎています。時代劇を作るなら、もっと本格的なものにしたい」と感じていたからだ（絵本版『もののけ姫』あとがき「堂々めぐりの顚末」）。

あるいは、武士vs百姓（権力者vs犠牲者）という物語の図式が、黒澤明の『七人の侍』のフォーマットを少しも超えられていない、ということも気になっていた。その後の十数年のあいだ、日本を舞台にした時代劇を作りたくて、宮崎は粘り強く試行錯誤を続けてみたものの、何度作り直そうとしても、どうしても物語の構成がゴチャゴチャになり、混乱して、ついには破綻してしまう。

それはなぜだったろう。

その原因は、物語の基本設定にあったのではないか。宮崎はそう感じるようになる。どんなに舞台を変え、主人公を変え、物語を変えてみても、「父にうとまれ、もっとも卑しい醜い者に嫁にやられる娘」という初期設定が「亡霊のように」回帰してしまうのである。しかしこの設定では、どうしても物語が完成しない。これは宮崎自身にさえ、どうにもならなかった。「これはもう、精神分析の対象にするしかない執念深さでした」（同前あとがき）。

こうなれば、一度ぜんぶ吐き出すしかない。区切りをつけるしかない。そう思って、宮崎はふたたび、一九九三年の時点で『もののけ姫』のイメージボードを一冊の絵本として世に出したのである。嘔吐するように、一度それをこの世界に吐き出して、産んでしまったのだ。

そんな中で、近藤監督の『耳をすませば』の作業中に、宮崎の監督としての次回作をどうするかについて、鈴木敏夫プロデューサーと宮崎のあいだで話し合いが持たれた。宮崎は『毛虫のボロ』という作品のアイディアも挙げたものの、鈴木が「時代劇を制作できるタイミングは今しかない」と本人を説得し、一九九四年の八月から、宮崎はようやく正式に『もののけ姫』の準備に入ることになる。

しかしここでも、宮崎はすぐに行き詰まってしまった。企画はまったく進行しなかった。もとは一五年以上も前に思いついた企画である。時代状況は大きく変わった。物語の強さが現実に匹敵しなくなっていた。どうすればいいのか。

そこにたまたま、CHAGE&ASKAからプロモーションフィルムの依頼が入り、それがひとつの重要な転機となって、宮崎は一九九五年に入ってから『もののけ姫』についての大きな方向転換を決意するに至る。それは、初期設定案やアイディアを一度ぜんぶ捨てて、完全に新しい物語を作る、ということだった。

こうして一九九五年の四月にやっと、『もののけ姫』の新しい企画書が提出される。かつて映画版『風の谷のナウシカ』の腐海の描写にインスピレーションをもたらした屋久島へも、原点回帰するかのように取材の旅に赴いた。

しかし――。しかし、である。

この期に及んでも、一九八〇年からイメージのあった『もののけ姫』のプランを、宮崎はなかなか放棄できなかったのである。宮崎にとって、当初の物語のプランを完全に捨て去ることは、それほどまでに困難で、苦痛をともなうことだった。なぜか。なぜそれは、そこまで放棄し難く、苦痛をともなうものだったのか。ここにはわかりにくい何かがある。宮崎本人が「精神分析の対象」と言わざるをえなかったような何かが。

宮崎作品は大人たちをどのように描いてきたか——アシタカの誠実さといかがわしさと

ところで、読者の皆さんには、アシタカという青年は、どんな人間に見えるだろうか。

それまでの宮崎作品の主人公たちは、基本的に、守るべき何かがあり、周囲の人々から自然に愛されるような人間たちだった。それに比べて、『もののけ姫』のアシタカやサンたちは、理不尽な運命や呪いを背負わされて、心に空洞や亀裂を抱えた少年少女である。この世のどこにも居場所がない。特にもののけ姫＝サンは、人間にも神々にもなれず、そのどちらからも「お前なんてこの世にいなくてもいい」と言われ続けてきた。そういう娘である。

アシタカもまた、どんなに誰かのために頑張っても、身を粉にして働いても、基本的には感謝も称賛もされることがない。『もののけ姫』の物語の中核にいるのは、そんな少年少女たちなのである。それは、既存のジブリ作品の明るく健康的なイメージ（ジブリの最大の長所であり売り物＝武器とも言える）を、あえて自己放棄してみせることだった。

それだけではない。アシタカはいっけん、誠実で熱血、正義の心をもった少年マンガの主人公のような男である。しかしよく考えてみれば、かなりいかがわしく、不気味な面をも兼ね備えている。

アシタカは物語の中で、一貫して道徳的にふるまい続ける。人間と自然がほんとうに共生しうる状況をめざして、どこか青臭い理想主義者のようなことを言い続ける。それを見つめる監督の宮崎の眼差しは、どこか醒めている。宮崎は、明らかに意図して、アシタカを未熟な正義漢として——アシタカの道徳的な言葉が、物語の具体的な文脈の中では滑稽なものとなり、空転せざるをえないようにして――描いたのだとしか思えない。先述したように、『もののけ姫』ではわざわざ特注の、ロングショットを描くのに適した絵コンテ用紙が採用されたのは、キャラクターの内面にあえて寄りそわずに、彼らの苦悩や行動を突き放して、客観的なものとして叙事的に描くためだったのである。

そもそもアシタカは、なぜ、命がけでサンを助けようとするのか。まず、これがよくわからない。わたしには長いあいだ、それが謎であり、不思議だった。アシタカは、サンの境遇について、タタラ場でエボシ御前からわずかばかり聞いただけであり、彼女のことをあまりよく知らないはずである。それなのに、なぜ、自らの命を賭してまで、ひたすらサンに付きまとうのか。

それは、サンの血まみれの顔をはじめて目にしたとき、アシタカが一目惚れしたからだ、としか考えられない。身もふたもないが、性愛的な欲望こそが、すべての動機の源なのではないか。そう考えてみて、わたしは『もののけ姫』の世界にやっと素直に入っていくことができた。

アシタカは、故郷の蝦夷《えみし》の村から放逐されてひとり村を去るときに、カヤという女の子から、形見として玉《ぎょく》の小刀を受け取る。カヤはアシタカのことを「兄様」と呼んでいるが、妹ではなくアシタカの婚約者であり、周囲の村人たちも二人の婚約関係を認めていた。しかし物語の終盤になると、アシタカはカヤからもらったその黒曜石でできた小刀を、あっさりと、出会って間もないサンにプレゼントしてしまう。別れ際に「ずっとカヤのことを想う」と約束していたにもかかわらず。

そう考えてみれば、アシタカはずいぶんと軽い男であり、平然と約束を破る嘘つきではないだろうか。ひどい男に思える。せめて愛をめぐる三角関係の葛藤くらい味わってほしい。そう思わずにはいられない。にもかかわらず、アシタカはやはり、どこまでも生真面目な顔をして、人間と神々の共存のための道徳的な言葉を吐き続けるのだ。アシタカの中にはそんないかがわしさがあり、奇妙な人格上の解離、ギャップがある。

わたしは、二〇一四年に『宮崎駿論』を刊行した段階では、アシタカのそうした分裂、解離をたんに不十分なもの、未成熟なものとして切り捨ててしまっていた。その意味がよくわかっていなかった。けれども現在はかえって、そうしたアシタカの中の欲望と理想の分裂、青年らしい未成熟な解離こそが、物語の重要な心臓だったのではないか、と考えている。宮崎自身がどこまで、アシタカのそうした不思議さを自覚しえているのか、それがよくわからないという不気味さを含めて（そう思えば、カヤとサンの声を同じ石田ゆり子が演じているのも、ずいぶんと不気味ではないだろうか）。

もともと宮崎駿は自己嫌悪の情念が強い人であり、せめて子どもたちのために役立つアニメーションを作りたい、しかし結果的に、アニメ産業を通して子どもたちからお金を巻き上げ、生きる力をも奪ってしまっている、その自己欺瞞に我慢がならない。そうした罪悪感を抱えこんでいた。しかも宮崎は、そうした自己嫌悪の激しさを想像力のガソリンとして物語をドライブさせていくタイプの作家であり、だからこそ稀代の天才であるのだが、そうした自己嫌悪は、宮崎の中の男としての自己嫌悪に重なってきた。

実際に、宮崎はそれまで、基本的に、大人の男性たちを主人公にすることができなかった。明るくまっすぐで健全。自然を愛し反戦平和的。宮崎作品といえば、今もなお、そうした少年少女たちのイメージが強いのかもしれない。しかしそこには、少年少女のそばに寄り添おうとする大人たち(特に大人の男性たち)の姿が奇妙に印象的に描かれてきた。

奇妙というのは、彼ら大人の男性たちは、その内面に複雑な鬱屈を抱えこんでいる場合が多いからだ。たとえばナウシカの師であるユパ。『天空の城ラピュタ』の悪役ムスカ大佐。『となりのトトロ』のお父さん。『崖の上のポニョ』の、娘に逃げられる父親フジモト……。彼らの鬱屈の側から見つめ返してみると、宮崎アニメの世界は、どんなふうに見えてくるだろうか。

宮崎駿が初監督した劇場用長編映画は『ルパン三世　カリオストロの城』(一九七九年)である。宮崎はここで、従来のテレビアニメのルパン像(祖父の財産を相続し、倦怠感を紛らわすために泥棒をする、という「シラケ」世代の申し子)を大きく刷新し、力強いエネルギーと繊細な優しさを与えようとした。宮崎版の『ルパン三世』は、興行的には失敗したが、ヒロインのクラリスには「永遠の美少女」として熱心なファンが集まった。ただ、宮崎自身は、ルパンのような「汚れきった中年のおじさん」を使っても、本当に新鮮な、ハッとするような作品は作れない、と強く感じるようになったという。

宮崎駿の真の出発点となったのは映画版『風の谷のナウシカ』(一九八四年)である。そこでは、前作のルパンとクラリスの関係が逆転しているように見える。つまり、主人公は美少女のナウシカとなり、大人の男性であるユパは、あくまでも少女のそばに付き添う脇役となったのである。

ユパの中には、人類の歴史に対する深い諦念と鬱屈がある。「我々人間は、このまま腐海に呑まれて滅びるよう定められた種族なのか。それを見極めたいのだ」。こうしたユパの中にある鬱屈は、そのまま、宮崎自身が長年抱えこんできた鬱屈でもあった。

宮崎アニメの原点には、もともと、四歳のときに経験した空襲がある。宮崎の家族は、疎開先の宇都宮で、空襲による大火の中を何とか逃げ延びたが、そのとき、宮崎一家に助けを求めてきた母子をその場に置き去りにしてしまった。その記憶は宮崎監督にとってのトラウマとなった。だからこそ、アニメの世界の中では、目の前にいる困っている人を躊躇なく助けられるような、まっすぐな道徳心を持った子どもたちの姿を描こうとしてきたのである。ナウシカはまさにそうした少女であり、風の谷の大人たちの躊躇や鬱屈をものともせず、爽快に乗り越えていく。

そして『天空の城ラピュタ』（一九八六年）では溢れる冒険心として、『となりのトトロ』（一九八八年）では日常的な幸福感として、そうした少年少女たちの健全な道徳心が美しく表現されることになる。

続く『魔女の宅急便』（一九八九年）のヒロイン、キキは、魔女の血を引く少女であり、一三歳の誕生日に親元を離れ、都会で一人暮らしをはじめる。キキは、現代でいえばフリーターのようなものだ。特殊能力はただ空を飛ぶことだけ。しかし、キキはその小さな才能を活かして、「宅急便屋さん」としてささやかなベンチャービジネスを起業する。キキは限りなく「普通の少女」に近い女の子である。その不安定な揺れ動きがキキの魅力になっている。

注目すべきは、物語の冒頭と最後に登場する、キキの両親の姿だろう。観客である私たちは、我が子の自立をそっと見守る両親のような眼差しで、キキの姿を見つめていくことになる。あたかもこの作品は、クラリス、ナウシカ、シータ、サツキ・メイと続いてきた女の子の主人公に対し、ひとつの別れを告げているかのようだ。それはむしろ宮崎が、少女たちから自立していくことを意味したのかもしれない。

その後、宮崎監督は『紅の豚』(一九九二年)で、『ルパン』以来の中年男性の主人公を描くことになる。主人公の賞金稼ぎポルコ・ロッソは、奇妙な呪いによって顔が人間ではなく豚になっている。ポイントは、宮崎駿が『紅の豚』によってはじめて、アニメを通した「自画像」を描こうとしたことだ(ルパンは自画像ではなく、あくまでも他人が作ったキャラクターにすぎない)。それは醜い俗人であり、汚い大人であり「豚」としての自分に向き合うことだったのだ。

第一次大戦後のイタリアを舞台に、賞金やお宝を追い求めるポルコと空賊たちのドタバタの戦いは、そのまま、宮崎監督たちが属する日本のアニメ業界のドタバタそのものとしても描かれているかのようだ。そこには、中年男性としてのぎりぎりのプライドがあり、ダンディズムがあった。なぜなら、ポルコは決して戦争にコミットしないし、空軍の誘いにも乗らないからである。さまざまなしがらみからできるだけ自由に、遊ぶように生きようとするのだ。「カッコイイとは、こういうことさ」。

しかし宮崎はのちに、『紅の豚』を作ったのは「恥ずかしいこと」だった、と自己批判してもいる。アニメは本来「子どものため」に作られるべきなのに、『紅の豚』は「自分のため」に作ってしまったからだ、と。それが宮崎という人の自己嫌悪の形だった。

そんな宮崎が、『もののけ姫』でようやく、青年男性としての主人公を正面から描こうとした――ひとりの男の子が、真っ当な大人の男性へと成長し、成熟していく道を示そうとしたのである。それは覚悟のいることだった。そのとき宮崎は、内なる男性嫌悪の激しさとも向き合わねばならないからだ。「死にたい」という自己破壊的な欲望(タナトス)と戦わねばならないからである。

だからアシタカの中では、道徳的な側面と欲望的な側面、理想主義的な側面と下半身的な卑劣さの面とが分裂してしまったのであり、人格的な解離を抱えこんでしまったのではないか。宮崎はアシタカを、自らの分身や息子として造形したのではない。アシタカを他人として、自分とは完全に別の人格として、物語世界の中に産んでやらねばならない。だがアシタカという別人格の青年が産み出されるのは、やはり、宮崎が激しく嫌悪する自らの男性的な身体の胎内からなのだ。

逆にいえば、ナウシカのような聖女ではなく、あるいは健康的で明るいコナンやパズーのような少年たちでもなく、アシタカのような崇高さといかがわしさの両面があり、清濁美醜を抱えこんだ平凡な青年の目線によって、はじめて見えてくる世界があるのであり、非人間的なこの世界の生き方があるのだ、とも言える。

漫画版『ナウシカ』は、世界全体の革命や生命進化の秘密の解明を志すような大きなスケールの物語だったが、『もののけ姫』はあくまでも、小さな地域社会の範囲内での争いごとを描いたものにすぎない。実際に、シシ神の森とタタラ場は、次作『千と千尋の神隠し』で描かれるバブル後に荒廃し廃墟化したテーマパークのように、あたかも地方都市の〈もののけテーマパーク〉のようにみえる側面がある。宮崎は企画書にこう書いている。「世界全体の問題を解決しようというのではない。荒ぶる神々と人間との戦いにハッピーエンドはあり得ないからだ。しかし、憎悪と殺戮のさ中にあっても、生きるにあたいする事はある。素晴らしい出会いや美しいものは存在し得る」（「「もののけ姫」企画書」一九九五年四月一九日）。

そう考えると、映画版『ナウシカ』ではアスベルという脇役の青年の声優を担当していた松田洋治が、一五年以上の時を経て、『もののけ姫』では主人公であるアシタカの声に命を吹き込んだことには、重大な意味があるだろう。

宮崎は、凜とした涼やかな青年の声を吹き込めるのは松田しかいない、と確信していたというが、それだけだとは思えない。象徴的な言い方をすれば、『もののけ姫』の、非人間主義的な転回（折り返し）のあとのノンヒューマンな世界とは、ナウシカのような聖女や聖人がどこにもいなくなった世界なのだ。アスベルやアシタカやサンのような、未熟で平凡な——本来であれば、この世界の片隅で脇役としての人生を全うするのだろう——青年たちが、地球規模の問題、「世界全体の問題」ではなく、小さな地域社会の、解決の難しい具体的な問題に対峙しなければならない。

たとえば、漫画版『ナウシカ』のラストの「さあみんな／出発しましょう／どんなに苦しくても／生きねば……」という言葉は、作者である宮崎自身が読者に向けて放った、ぎりぎりのメッセージであるかのように響く。これに対し、アシタカとサンの最後のやりとり（「アシタカは好きだ。でも、人間を許すことはできない」「それでもいい。私と共に生きてくれ」）を、わたしたちは、監督宮崎からのメッセージとして受け止めることができない。それはむしろ、少年と少女が解決不能な地域社会の問題に直面しながら、血と汗と泥にまみれた両手でつかみとった決意の言葉であり、そこには監督である宮崎自身をも突き放す、さわやかな何かがある。

おそらくそのとき、『もののけ姫』は、『ナウシカ』とはおのずと別の次元を開く物語となった。宮崎にとって新しい「折り返し点」を刻む物語となった。では『もののけ姫』は、そこからどこまで行けたのか。

「折り返し点」としての「大人の仕事」

ひとまず、ここまでの話を確認しておく。宮崎は『もののけ姫』を通して、二つの意味での「折り返し点」に向き合おうとした。

（A）人類の歴史的な転換点に向き合うということ。非人間的な転回（折り返し）のあとの、ポストヒューマンな世界のあり方について問い直すこと（世界認識の問題）。

（B）自らの内なる男性性（自己嫌悪）にあらためて向き合うということ（内面的な問題）。

その上で、『もののけ姫』のモチーフは次のようなものだった。

（1）ナウシカのような聖人や、イノセントな「姫」的な存在（イメージボード『もののけ姫』の三の姫など）のいなくなった世界で、もう一度、人々は生きるに値する何かを見出すことができるのか。

（2）理不尽な呪いを背負ったアシタカという少年が、大人の男性へと成熟（成長、熟成）していく道はありうるのか。

（3）しかもそれらのことを、具体的な物語商品として、「大人の仕事」として表現できるか。つまり、「大人」の立場から、若者や子どもたちに何かを伝えることができるか。

「折り返し点」としての「大人の仕事」――それは、次のような場所からはじまるのだった。世界を変えようとするナウシカやアシタカたちの側に立つのではなく、自分は亡びていく側の古い存在であり、歴史の道理や進みゆきに対して根本的に無力である、そうした事実を率直に認めるところから。

新しい世界を生きる若者や子どもたちは、かならず、自分たちの力で現実に立ち向かっていくはずだからだ。大人たちは根本的に無力であり、何もできないし、何も言えない。しかし、その上でわたしたちは、無力な「大人」がなお為すべきことは何か、それを考え抜かねばならない。不可避的に古びていく存在、古さによって滅びていく側の存在として、大人の責任を果たしてゆかねばならないのだ。成熟を求めるのではない。実践的に行動していくべきなのだ。

そこにはひとつのジレンマがある。一方で、大人たちは、子どもたちに何かを教えることはできない（なぜなら、古びていく側の大人たちは、何を言っても何をやっても、かならず間違ってしまうから）。しかし他方で、大人たちは、子どもたちに何かを教えなければならない（なぜなら、この世界をこんなふうに作ってきたのは先行世代の大人たちであり、にもかかわらず、すべての判断や決断を子どもたちに委ねて投げ出すことは、どう考えても理不尽であり、無責任であるから）。

これはありふれたジレンマであり、いわば「大人の仕事のジレンマ」である。しかもわたしたちは、そうした「大人の仕事」の意味を、決して、言葉によって語ることも、伝達することもできない。それを伝えるためには、メッセージとしての仕事＝物語を、身をもって生き抜くしかないからだ。言葉で語るのではなく、行動によって背中で示すしかないのである。

思えば、そもそも大人たちが子どもにしてあげられることなど、驚くほど少ないのだった。せいぜい、子どもたちが自発的に何かを学びうる環境や制度等の条件面を整備し、準備すること、その程度のことなのである。そこには、大人であることの淋しさと無力さがあり、そして喜びがある。大人の勇気の問題がある。それらの複雑な感情を雑ぜ合わせ、熟成させて、全身に満ちわたらせていくこと。

そこから、何度でも、日々の小さな仕事に身を捧げ、生業としていくこと。それが、その程度のことが、きっと、わたしたちに為しうる大人の仕事の意味なのだろう。

君たち。

望んだわけでもないのに、この世界に生まれてきた君たち。壊れて狂っていくこの世界に、これから生まれてくる君たち。

君たちがこれから、過酷で残酷だが鮮烈に美しいこの「コンクリートロード」へと、この小さな世界へと飛び込んでいくときに、「大人」であるわたしたちには何ができるのか。今もなお、どんな仕事が残されているのか。

宮崎駿の「折り返し点」となった『もののけ姫』の世界に飛び込んで、これから、そのことをできるかぎり考え続けてみよう。

2 『耳をすませば』に背中を押されれば

『耳をすませば』――近藤喜文vs宮崎駿

新しく生まれてきた子どもや若者たちが、「コンクリートロード」としてのこの世界――過酷で残酷だが、鮮烈で美しいこの世界――へと飛び込んでいくときに、すでに「大人」になってしまったわたしたちには、何ができるのか。どれだけの仕事が、まだ手元に残されているのか。宮崎駿は人生の「折り返し点」において、そうした問いをあらためて（つまりは自らの人生を折り返すようにして）つかんだ。

しかし、『もののけ姫』の本陣に切り込む前に、わたしたちが向き合うべき作品がある。『耳をすませば』（一九九五年）である。

＊

近藤喜文監督の『耳をすませば』は、素晴らしい。思春期や若い頃だけではない。人生の経験を積み重ねて、大人になればなるほど、心の深いところへその素晴らしさが沁みとおってくる。これは、そんな作品である。

すでに述べたように、『耳をすませば』の製作には、企画書から絵コンテまで、かなりの部分で宮崎駿が積極的にかかわり、介入していた。その事実はよく知られている。つまり『耳をすませば』は事実上、近藤と宮崎の「共同監督」というべき作品である。

そして、宮崎の側の視点からその製作の前後をみていくと、『もののけ姫』と『耳をすませば』は、漫画版『風の谷のナウシカ』の連載が終わったあとで、宮崎がさらにその「先」のヴィジョンをつかむために企てたプランの、いわば双子のような作品であり、ひとつのプランが次第に二つに枝分かれしていった作品といえる。

とはいえ、まず確認しておかねばならないのは、『耳をすませば』は、もしも宮崎がひとりで監督をしていたら、絶対に作れなかった作品だった、ということである。それはたんに、宮崎駿と近藤喜文は違う人間なのだから作風が異なるのも当然だ、という話ではない。もう少し微妙なものがそこにはある。

おそらく、寡黙な職人肌の近藤がその胸に秘めていた世界観は、そのまま、宮崎という天才的な物語作家が切り拓いた世界観に対する、小さく静かな、それゆえに決定的な批評(抵抗)になっていた。

どういうことか。まず単純に、次の事実がある。宮崎駿に関する研究書や批評は山のようにあるが、なぜか『耳をすませば』を宮崎作品として扱う人は皆無に近い。単純な事実ではあるが、これはたんなる偶然とは思えない。ちなみに、わたしも二〇一四年の『宮崎駿論』では『耳をすませば』の存在を完全にスルーしていた。おそらく、みな無意識のうちに感じ取っているのだろう。『耳をすませば』は宮崎駿の映画ではない、これは疑いなく近藤の映画なのだ、と。

重要なのは、近藤と宮崎、この二人のあいだにある独特の信頼感と緊張感、その複雑な関係性が、『耳をすませば』というみずみずしい物語の出来栄えを、おのずと深めることになっている、という点だ。

そしてそこには、近藤と宮崎の、来《きた》るべき新しい若者たちの「背中を押す」やり方の、決定的な微差が露呈してもいる。そのように思える。非人間的転回のあとの「コンクリートロード」としての世界に向き合う「大人の仕事」について考えるとき、近藤と宮崎のこの微妙な違いは、重要な問いをわたしたちに与えてくれるだろう。

＊

近藤喜文は一九五〇年、新潟県五泉市で生まれた。地元の高校を卒業後に上京し、アニメーターを志した。『パンダコパンダ』や『未来少年コナン』、『赤毛のアン』の頃から、宮崎駿・高畑勲を支えてきた。ジブリ作画陣を代表するアニメーターのひとりであり、高畑の『火垂るの墓』と宮崎の『となりのトトロ』が同時上映を予定して製作されるとき、高畑と宮崎が近藤を取りあって喧嘩した、という逸話は有名である。

意外に思えるかもしれないが、近藤は若い頃から労働運動や市民運動にも積極的に参加してきた。

労作「近藤喜文氏略歴」を作成した叶精二は、近藤の思春期に社会問題化した新潟水俣病＝阿賀野川水銀中毒症が、近藤に与えた影響について推察している。体が弱く、腎臓疾患や肺気胸などでたびたび入院したが、アニメ製作の激務を黙々とこなした。そのような近藤の職人としての姿勢、あるいは精神の根幹に、公害と運動の問題が差し込んでいたのかもしれない。

遅咲きの初監督となった『耳をすませば』が高く評価され、近藤は、ジブリにおける宮崎・高畑の「後継者」の筆頭としても、周囲の期待を大きく集めた。しかし近藤は、そのわずか三年後、一九九八年の一月に、解離性大動脈瘤で亡くなってしまう。満四七歳の若さだった。こうして『耳をすませば』は、近藤喜文にとっての最初で最後の監督作品になった。

宮崎駿にとっての「少女マンガ」の意味

映画『耳をすませば』の原作は、柊《ひいらぎ》あおいの少女マンガ『耳をすませば』である（『りぼん』一九八九年八月号〜一一月号、単行本九〇年二月）。

宮崎駿はもともと、少女マンガをときどき読む人だった。ただし、さまざまな発言を読む限り、宮崎は、少女マンガというジャンルをかなり軽いものとして考えている。それは、いまだに世間一般で「少女マンガ的」とレッテルが貼られるような水準であり、つまり少女マンガとは非現実的なファンタジーにすぎない、と。

宮崎にとって特別な意味をもった少女マンガ作家は高橋千鶴であり、中でも高橋の『コクリコ坂から』（『なかよし』一九八〇年一月号〜八月号）のことを気に入っていた（『コクリコ坂から』（高橋千鶴・作）／ぼくの少女マンガ体験」『comic box』一九九一年一月号、『出発点』所収）。

高橋千鶴は、一九七五年に少女マンガ誌『なかよし』でデビューし、同誌を中心に活躍していた少女マンガ家である（『コクリコ坂から』は、雑誌掲載の時点からじつに三〇年以上が過ぎた二〇一一年の七月に、宮崎の息子である宮崎吾朗の長編アニメ映画監督第二作として劇場公開されている）。

いつ頃からなのか、宮崎は、信州の山小屋にしばしば籠りに行くという習慣を持っていた。この小屋はかつて義父がアトリエとして建てたもので、避暑には最適だが、冬になると寒さが厳しく、夏限定で利用する「夏小屋」と呼ぶべきものだった。親戚一同が順番に、避暑目的で小屋を利用していた。義母やその娘たちなど、女性ばかりがこの小屋には集まってきた。そして、この小屋にいるときだけ、なぜか宮崎は少女マンガを好んで読む習慣を持っていたという。

映画『風の谷のナウシカ』の仕事が終わった年のこと、とあるので、おそらく一九八四年のことだろう。宮崎は「神経症的な疲労」が抜けず、心身を回復するために、ひと夏を山小屋で過ごすことを思い立った。

小屋の中には、そこを使った姪っ子たちが残していった少女雑誌が山と積まれていた。あまり気乗りはしなかったものの、退屈で他にするべきこともなく、雑誌の山に手を伸ばし、ページをめくってみた。読み進めるのに苦痛を感じる作品もあったが、いろいろ読むうちに、一九八〇年の『なかよし』に掲載されていた高橋千鶴の『コクリコ坂から』が一番気に入った。夏小屋でそれを何度も読み返した。ただし、その場には『コクリコ坂から』の全編が揃っていたわけではなく、「頭なし、中なし、尻尾なし」の断片だけを読み返した。

「異母兄弟と思い込んだ高校生同士の恋の、諦めようとして募るばかりの想いを描いた作品らしい」とあるから、おそらく終盤近くの連載回のことだろう。「笑われても仕方ないのだが、神経症気味の自分には、明らかに『コクリコ坂から』がリハビリのきっかけになったのだ」

その後、若い友人たちが山小屋に遊びに来て、高橋千鶴のマンガの話になり、友人のひとりが隣町の書店に出かけて高橋のマンガを買い込んできた。『さくらんぼデュエット』『きゃらめるフィーリング』『コクリコ坂から』……。山小屋の中で、全員でそれらに読み耽り、宮崎は友人たちと少女マンガ談義を際限もなく続けた。

『さくらんぼデュエット』と『きゃらめるフィーリング』のことも宮崎は気に入ったらしく、むしろそれらの作品が「この人の最高到達点ではないかと思う」「相手の少年がいい」と絶賛しているが、それでもやはり、それらの作品によって「さわやかな学園ラブコメディーという彼女の本道が定まる」手前の、その「寸前の、試行錯誤」のプロセスを描いたものとして、『コクリコ坂から』という作品の存在が、宮崎にとっては特別な意味を持ち続けることになった。

その後も、信州の山小屋を訪れるたびに『コクリコ坂から』を大切な作品として読み返した。高橋千鶴を読むには、特に、季節は夏がふさわしい。「このコクリコ気分は夏だけで、秋や冬、春には単行本を開いても、古い『なかよし』をめくっても、いまいちピンと来ないのが特徴である」

ひとりで小屋の中に寝転んで、何十回と読み返した彼女のマンガのページをめくっていると、唐突に、生涯にひとつだけ少女マンガを描いてみたい、「それも正統な堂々たる恋愛マンガを」描きたい、そんな思いにとらわれたりもした。

少女マンガについては、ぼくは高橋千鶴作品で充分なんだ。それにさ、日本で、つまり世界で一番、愛読者だと公言できる作者を持つなんてのは、めったにできるものじゃない。

これが、ぼくの少女マンガ体験である。(『出発点』二八五頁)

ところが、高橋千鶴に関するそんな熱烈なエッセイを書いたその二年後の、一九九三年のこと。不思議なことに、宮崎はなぜか、『耳をすませば』のアニメ化の企画書を提出したのである(「なぜ、いま少女マンガか?」一九九三年一〇月、『出発点』所収)。

「少女マンガについては、ぼくは高橋千鶴作品で充分なんだ」と言い、自分こそが「日本で、つまり世界で一番、愛読者だと公言できる」とまで言い切った『コクリコ坂から』ではなく、別の少女マンガ家の『耳をすませば』という作品を原作にアニメ映画を作ろうと考えるに至ったのは、なぜだったのだろう。正直、宮崎の発言や書いたものをいくらたどってみても、その理由や動機はよくわからない。

ただ、面白いのは、あたかも『コクリコ坂から』に出会ったときの経験をくりかえすように、宮崎は、あらためて『耳をすませば』の雑誌掲載分を何度も読み返し、若いアニメーターや同僚たちと多くの議論を交わす、という体験をここでも経ていることだ。

次のように推測してみる。『コクリコ坂から』を何度も読み返すことが『風の谷のナウシカ』のアニメ化によっておちいった「神経症的な疲労」からの「リハビリ」だったように、『耳をすませば』を読み返すことも、宮崎にとっては漫画版『風の谷のナウシカ』の連載完結後におちいった疲労からの、ある種の「リハビリ」の意味を持ったのではないか、と。

しかし、なぜ、それらの少女マンガを読むことが宮崎にとって「リハビリ」となったのか。

宮崎は『耳をすませば』の企画書の中で言う。

> 混沌の二一世紀の姿が、次第にはっきりして来た今、日本の社会構造も大きくきしみ、ゆらぎ始めている。時代は確実に変動期に入り、昨日の常識や定説が急速に力を失いつつある。これまでの物的蓄積によって、若い人々がその波に直接さらされることは、まだ始まっていないとしても、その予兆だけは確実に届いている。
>
> 　こんな時代に、我々はどんな映画を作ろうとするのだろう。
>
> 生きるという本質に立ち帰ること。
>
> 自分の出発点を確認すること。
>
> 変転する流行は一段と加速するが、それに背をむけること。
>
> もっと、遠くを見つめる目差し《（ママ）》こそがいま要るのだと、高らかに大胆に唄いあげる映画を、あえて作ろうというのである。（『出発点』四一六頁）

しかし、そのような作品を描くために、なぜ少女マンガが必要だったのか。原作の『耳をすませば』は「ごくありふれた少女マンガの、よくあるラブストーリーにすぎない」（同企画書）。原作『耳をすませば』のファンには当然異論もあるだろうが、宮崎はこの作品をそのようなものとして受け止めている。ヒロインの少女はメルヘンを書き、少年は絵描きを夢見ている。彼らは少女マンガの典型のような、夢見がちな少年少女でしかない。彼らの中に激しい屈折や葛藤や渇望があるわけではない。ところが、少女マンガは、そうしたメルヘン的なジャンルであるがゆえに、純粋な「憧れ」と「すこやかさ」を――現実に対するひとつのロマン主義的な起爆剤として――描くことができる。そう考えた。

> すこやかさとは、庇護の元でのもろさであるとか、障害のない時代に純愛は成立しないとか、皮肉に指摘するのは簡単だ。それなら、もっと強く、圧倒的な力で、すこやかであることの素晴らしさを表現できないであろうか。
> 　現実をぶっとばすほどの力のあるすこやかさ……。その試みの核に、柊あおいの「耳をすませば」はなり得るのではないか？（中略）
> 　そう設問した時、ありきたりの少女マンガが、突然今日性を帯びた作品に変身する原石――カットし、研磨すれば輝く原石に、変身したのである。
> 　少女マンガの世界が持つ、純（ピュア）な部分を大切にしながら、今日豊かに生きること《ママ》はどういうことかを、問う事も出来るはずである。（同書四一七－四一八頁）

宮崎はそれを、若い人々への「挑発」と言った。若い人々の生き方に対し、特別な理解や共感を示そうと思っているのではない。かといって、若者たちにわざわざ疑問や問題意識を突きつけたいわけでもない。「この作品は、自分の青春に痛恨の悔いを残すおじさん達の、若い人々への一種の挑発である。自分を、自分の舞台の主人公にすることを諦めがちな観客――それは、かつての自分達でもある――に、心の渇きをかきたて、憧れることの大切さを伝えようというのである」（四一六頁）

かなりひねくれた言い方と言わざるをえない。原作者の柊あおいに対して失礼であり、傲慢でもある。しかし、ひとつだけ言えるのは、こうした「挑発」の仕方が、この頃の宮崎にとっては、我が身を鋭く切り裂くものでもあった、という点だ。

「On Your Mark」における「姫」との別れ

宮崎による六分四八秒の短篇作品「On Your Mark」が、『耳をすませば』と同時上映されることになる。

そこには次のような経緯があった。ＣＨＡＧＥ＆ＡＳＫＡの楽曲である「On Your Mark」（一九九四年八月発売）のプロモーションフィルムを作製する際に、アスカからこれをアニメーションで作りたいという要望がまずあり、もともと宮崎映画のファンだったチャゲの発案によって、スタジオジブリにＰＶ化の依頼が持ち込まれた。その頃、新作『もののけ姫』の絵コンテを描くことに躓き、暗礁に乗り上げていた宮崎は、どういうわけか、ＣＨＡＧＥ＆ＡＳＫＡサイドからのこの企画を引き受けたのである。

『耳をすませば』の絵コンテが完成したのが、一九九四年九月一日のこと。そのすぐ後の一九九四年の秋ごろに、急遽「On Your Mark」の製作が決定している。そして早くも一九九五年二月七日には作画イン。さらに同年の四月には『もののけ姫』の新しい企画書が完成する。

怒濤のような仕事量というしかない。一気に何かが決壊し、洪水として溢れだしたかのようである。こうした経緯を思えば、「On Your Mark」という小品は、間違いなく『耳をすませば』や『もののけ姫』とも同根の何かを持っているはずだ。そこには、何か重要な秘密がある。だからこそ、わざわざこの異様に切迫した多忙な時期に、この実験的な短篇を作ることを宮崎は決めたのだろう。そう推察されうる。

宮崎は、「On Your Mark」について語った短いインタビュー「「On Your Mark」――歌詞をわざと曲解して作りました」(『アニメージュ』一九九五年九月号、『出発点』所収)の中で、もともとの楽曲の歌詞の「内容をわざと曲解して作っています」「暗号のようなものは、いっぱい入れてある」と言っている。では、プロモーション用のフィルムであるにもかかわらず、その歌詞を「わざと曲解して」まで宮崎がこの小品に込めようとした「暗号のようなもの」とは一体何のことか。

「On Your Mark」。これは奇妙な作品だ。

近未来。外気を遮断する透明なドームに包まれた街。武装した警察官たちが宗教団体のアジトを急襲する。転がる信者たちの無数の死体。その奥で、二人の若い警官(チャゲとアスカの顔をしている)が、羽根の生えた天使のような少女を発見する。ドームの外の世界で、少女が空へと飛び立つシーンがたびたび挿入される（時間軸が交錯し反復する）。

二人の警官は、警察組織を裏切って少女を奪取し、装甲車に乗り込み、外の世界へと続く橋の上を逃走するが、追撃を受けて墜落する。しかしなぜか、少女を奪取するシーンがリプレイされ、今度は、装甲車には飛行機能がついていて、三人は閉ざされた都市の外への脱出に成功する（彼ら三人はすでに墜落して死んでいて、夢の世界の話なのかもしれない）。物語の最後、長閑《のどか》な自然の中を車が走り、やがて天使の女の子は青空へと飛び立っていく。警官二人は手を振って別れる。天使はどこまでも空へと舞いあがっていく……。

そんな話である。

宮崎自身は「On Your Mark」の世界観を次のように説明している。「地上には放射能があふれていて、もう人間は住めなくなっている。でも緑はあふれていて、ちょうどチェルノブイリの周囲がそうだったようにね。自然のサンクチュアリ（聖地）と、化している。で、人間は地下に都市を作って住んでいる」「いわゆる世紀末の後の話。放射能があふれ、病気が蔓延した世界。実際、そういう時代が来るんじゃないかと、僕は思っていますが。そこで生きるとはどういうことかを考えながら作りました」「そういうものを紛らわしてくれるのは「ドラッグ」や「プロスポーツ」や「宗教」でしょう？　それが蔓延していく」（『出発点』五五九頁）

はじめて観たときのわたしの印象は、なんというか、ものすごく陰惨で絶望的な話に思えて、こんなに暗い話を本当にあの宮崎が作ったのか、と驚愕したのを覚えている。腹の奥が冷たくなるような、心底嫌な気持ちになった。

わたしの考えでは、「On Your Mark」は、宮崎の中の「姫的なもの」に対する永遠の別れを、宮崎なりにシンボリックに描いたものだ。あの背中に羽根の生えた女の子は、天使かもしれないし「鳥の人」かもしれない。でも「それはどうでもいいんです」。宮崎はそう言っている。「彼女が救世主だったり、救出を通して彼女と心の交流があったというわけではないんです。ただ、状況に全面降伏しないで、自分の希望、ここだけは誰にも触らせないぞというものを持っているとしたら、それを手放さなければならないのなら、誰の手にも届かないところに放してしまおうという。そういうことですよ」(同五六〇頁)

絵本版『もののけ姫』の三の姫——あるいはクラリスやナウシカ的な存在——とはっきりと別れる、「誰の手にも届かないところに放してしまおうと」する、ということ。それは宮崎にとって激しい躊躇と苦痛をともなうことだったが、それによって、ようやく宮崎は『もののけ姫』の従来のプランを放棄し、物語をはじめから書き直すことができた。「歌のわかれ」(中野重治)ならぬ、「姫的な少女との別れ」がそこにはあった。宮崎にとってのロマンとの別れである。

「On Your Mark」の製作が、鈴木敏夫が言うような、たんなる「息抜き」だったとは思えない。『もののけ姫』を作り変える直前の、ある種の覚悟と断念がそこには刻まれていた。これから新しい歴史像に向き合って「大人の仕事」を再起動するための、覚悟と断念。実際、宮崎はこのあと『カリオストロの城』のクラリスや『天空の城ラピュタ』のシータのような典型的な美少女たちを、自分の映画のヒロインとして採用することが二度とできなくなる。やはり『もののけ姫』の経験は決定的だったのだ。

宮崎は、『耳をすませば』の企画に、ひとつのアイロニーを込めようとした。現実の世界にはもう、無垢な「すこやかさ」はありえない。だからこそ、完全なファンタジー(少女マンガ)を描くことによって、現実に対するアイロニカルな「挑発」とする、ということ。

それが『耳をすませば』のプランの意味であり、同時に、かつての絵本版の『もののけ姫』のような世界へと回帰することは二度とできない——たとえば『天空の城ラピュタ』や『となりのトトロ』のような作品を作ることは二度とできない——、という新たな断念と覚悟をも、おそらく意味したのではなかったか。

「彼らの背から、何とか荷をおろさせて、楽にしてやれたらなって思うんです」

とはいえ、ここまで長々と確認してきたことは、あくまでも、宮崎の側の事情であるにすぎない。それに対して、宮崎から『耳をすませば』の監督を委ねられた近藤喜文は、もっとストレートに、『耳をすませば』の原作が「すごく好きです」と言っている。

たとえば、近藤喜文と柊あおいの対談「好きな人に会えました」(一九九五年、劇場用パンフレットに初出、集英社文庫版『耳をすませば』に再録)の冒頭近くで、近藤は次のように語っている。

僕はこの原作、すごく好きです。自分の気持ちを素直に表現していて、相手もその気持ちを素直に受け止めてくれる。そんな人と人との関係がすごく新鮮で、さわやかな感じがしたんです。

こんなふうに、誰ともコミュニケーションがとれたら、世の中、変わってしまうだろうなって思いました。

『耳をすませば』は、絵コンテを宮崎が切り、監督の近藤が作画以降を仕上げる、という分担体制をとっていた。とはいえ大切なのは、宮崎が描いた絵コンテの中に、すでに近藤の意志が強く反映されている、ということだろう。

というのも、近藤はさまざまな要望を「折りに触れ」て宮崎に突きつけていた。たとえば近藤は「原作が大好きだったんで、できるだけ残して下さい」と何度も宮崎に要求している。「僕自身、できるだけ日常の中の中学生の姿をきちんと描きたいと思ってましたので、宮崎さんにも折りに触れ、そのようにお願いしたんです。ただ宮崎さんはキャラクターを理想化していくほうですから、その辺りでかなり苦労されていたようです」

原作者の柊も、「もっと全体が宮崎さんの世界に染まってしまうんじゃないかと思ってましたので、わりと原作どおりの部分が多かったのには驚きました」「ファンタジーの色が強くなるというか、もっと学校から離れて、地球屋や聖司のヴァイオリンの方に話が展開していくのかなって思ってたんです」という感想を述べている（同対談）。

さらに近藤は、『耳をすませば』の中に大切な宝石のように込めたモチーフを、次のように語っている。

もともと私は思春期の子供というのにすごく興味があるので、その年頃の子供を主人公に「トトロのいないトトロ」みたいなものを作りたいと前々から思っていたんです。今の思春期の子供たちって、全てが可能性の固まりっていう感じがするんですけど、それでいて世界で自分が一番不幸だ、みたいな思いでいたりしている子供を見ると、大人の縮図を見ているような感じなんです。そんな彼らの背から、何とか荷をおろさせて、楽にしてやれたらなって思うんです。その意味でこの「耳をすませば」を作れるのは、本当に幸せですね。

近藤は、宮崎のようにそれを若者たちへの「挑発」とは言わない。ただ素直に、「彼らの背から、何とか荷をおろさせて、楽にしてやれたらなって思うんです」と言う。

すでに述べたように、宮崎が『耳をすませば』を企画した動機は、あえて非現実的で空想的な「すこやかさ」を描いてみせることで、それを現実に対する起爆剤（「現実をぶっとばすほどの力のあるすこやかさ」）として対置する、というロマン的なアイロニー（挑発）に基づくものだった。宮崎は原作『耳をすませば』を、あるいは少女マンガそのものを軽く見ていたふしがあり、しかし、だからこそ、少女マンガを通してロマンチックなアニメーションを作ることができる、そう考えていた。

『耳をすませば』の企画書で示された宮崎のスタンスは、「On Your Mark」における天使的な無垢な存在（ロマン）を断念するというモチーフと表裏一体のものだった。どちらもきわめてロマン主義的なのだ。これに対し、近藤の『耳をすませば』に対する向き合い方は、そうしたものではなかった。

近藤にとって、そもそも『耳をすませば』の主人公の雫《しずく》や聖司たちは、無垢な存在でもなければ、いわゆる「少女マンガ的」な存在でもなかった。「これは柊さんの原作の中にもすでに含まれていたように、「見つめ合って二人だけの世界にひたる」んじゃなくて、「二人で並んで遠くを見つめる」という形で恋愛を描こうとしています」。それでは、近藤がいう「トトロのいないトトロ」としての『耳をすませば』とは、どんな作品になったのか。

*

『耳をすませば』や『もののけ姫』と同時期に製作されていた高畑勲監督による『平成狸合戦ぽんぽこ』（一九九四年）は、一九六四年東京オリンピックの後、急速に開発が進んだ多摩丘陵に生息する狸たちの物語である。

多摩ニュータウン計画（一九六三年開始）に基づき、里山や森は削り取られ、ブルドーザーなどの重機によって潰され、無残に崩壊していった。自然を破壊し開発を進める人間に対して、狸たちは戦いを挑むが、自滅的に滅んでゆかざるをえず、最後には、都会の消費社会に溶け込んで、栄養ドリンクを飲みながら過労死寸前まで働き続けるしかなくなる。

『耳をすませば』の舞台もまた、『平成狸合戦ぽんぽこ』と同じく多摩ニュータウンである。京王線の聖蹟桜ヶ丘駅の周辺がモデルのひとつとなっている（ちなみに聖蹟桜ヶ丘駅の周辺は、映画公開から二〇年が過ぎた現在も、ファンたちによる「アニメ聖地巡礼」のスポットになっている）。

しかし、『耳をすませば』の子どもたちにとって、郊外都市のニュータウンはすでに生存環境そのものであり、『平成狸合戦ぽんぽこ』の狸たちのような、破壊された自然に対するノスタルジーを持っていない。子どもたちは、そんな感傷をすでに持ちようがないのだ。

『耳をすませば』は、つまり、『平成狸合戦ぽんぽこ』的な世界の「後」(ポスト)の世界を描いた物語であるといえる。漫画版『風の谷のナウシカ』や絵本版『もののけ姫』と同じように、すでに美しい自然や生命の輝き《アウラ》が消えてしまった中で――古き良きカントリーロードが失われて、都会や郊外のコンクリートロードになった中で――、子どもたちはいかに生きていくのか。それが作品のモチーフである。

物語のはじまり近くに、こんなシーンがある。主人公の月島雫は、女友達の夕子と、学校のグラウンド隅のベンチに座っている。雫は演劇部の友達から頼まれて、英語版「カントリーロード」の歌詞を日本語に翻訳してきていた。それを夕子に見せて、二人で小声で歌う。さらに、雫が戯れに作ってきた「コンクリートロード」という替え歌を二人で合唱し、ギャハハハハと大声で笑い合う。彼女たちは「カントリーロード」を、あっけらかんと「コンクリートロード」として読み替えてしまうのだ。

大人になってからこのシーンを観直したときに、はっとさせられた。雫と夕子は、コンクリートロードの中で一生を送ることについて、別に深刻な顔をして考え込むのでもなく、かといって、大事なことを諦めた人間に特有の、無感動で無機質な顔をしているのでもない。ただただ、ごく普通に、明るく朗らかな表情をしている。そういうことが、冒頭近くの何気ないシーンに、さらりと描かれている。雫はそれを、「ふるさとって何かやっぱりわからないから、正直に自分の気持ちで書いたの」とも言っている。

とすれば、たとえば〈人工/自然、本物/偽物の区別がつかなくなった世界の中で、偽物になった人間が、偽物なりに、肯定的なものや本物らしさを求めて生きていくとは、どういうことか〉というような問いのアングル自体が、すでに古びてしまった大人たちの、傲慢なナルシシズムに過ぎないのかもしれない。新しい時代に生まれた若者たち、子どもたちは、そうした大人目線からの本物／偽物の区別自体が成り立たない世界の中に生まれ、生き、努力し、働き、愛し、子を産んでいくのである。すると、偽物であることの苦しみや葛藤を心配するなど、勘違いした「余計なお世話」以外の何ものでもないだろう。

この頃の近藤や宮崎の中には、おそらく、そうした厳しい切断の倫理があったのではないか。ならば、そんな倫理的な切断の先で、コンクリートロードの子どもたちに対して、「余計なお世話」ではない形で「背中を押す」とは、どういうことなのか。

「物語」の星座としての『耳をすませば』

月島雫は高校受験を控えた中学三年生。小さい頃から本を読むのが大好きだった。図書館からたくさんの本を借りている。その本の貸出カードには、いつも「天沢聖司」という名前がある。自分以上に本好きな男子。どんな人だろう。雫は気になる。

ある日、雫は、電車の中で遭遇した太った猫に導かれて、不思議なアトリエにたどりつく。店の名前は「地球屋」。アンティークの家具がひしめき、店内は異世界のようである。誰もいない店の中に足を踏み入れた雫は、ふと、一体の小さな猫の人形に心を奪われる。そして店主の老人（西司朗）と知り合う。「素敵な場所見つけちゃった、物語の舞台みたい」と雫は感じる。その後、紆余曲折があり、雫は、同級生の天沢聖司と親しくなっていく。ある日、地球屋からの帰り道、聖司は自分の夢について、雫にそっと語る。イタリアにヴァイオリン製作学校がある。祖父以外の家族は猛反対しているんだけど、中学を卒業したら留学したいんだ。

雫は、次第に聖司のことを好きになっていた。しかし、卒業を目前にしながら、まだ進路も目標も定まらず、ぼんやりと生きているだけの自分との落差を感じ、落ち込んでしまう。私、どうすればいいんだろう。

そのとき、雫はふと気づく。聖司と同じように、私も自分の才能を試してみよう。私のやりたいこと。私の夢とは何だったか。そうだ。物語が書きたいんだ。何かを書いてみたい。あいつがやるなら、私もやってみたい。迷って落ち込んでいた雫は、ふいに、全身に清冽な力が漲《みなぎ》るのを感じる。

雫は猛然と「耳をすませば」という物語をノートに書きはじめる。地球屋の西老人に許可をもらって、あの猫の人形、バロンを主人公にすることに決めた。図書館に通って必死に調べものをした。たくさんの言葉をノートに書きまくった。やがて、彼女の意識は、現実と物語のあいだを曖昧に行き交うようになる。

しかし、あまりにも物語を書くという作業に没頭してしまい、学校の成績が一〇〇番も落ちて、先生から雫の母親が呼び出しを受ける。雫は、母や姉と喧嘩になるが、父親は、わが娘の強い気持ちを聞いて、雫の決意を後押しすると宣言する。今の時代、ひとつの生き方しかないわけじゃない。生き方の選択肢はさまざまにある。でも、他の人と違う生き方は、それなりにしんどいぞ。誰のせいにもできないからね。そんなふうに背中を押そうというのである。

母親も姉も——そもそも彼女たちもまた、それぞれに自立的な女性をめざして、今なお試行錯誤を続けているのだ——雫の若々しく清冽な決意を認めて、そのゆくえを見守ることに決める。

その後も雫は、必死にもがき苦しみ、自分の一四年間の人生のすべてを込めて、一篇の物語を完成させ、西老人に会いに行く。はじめての読者となった西老人が物語を読んでいるあいだ、雫は一階のベランダで待っている。怖くてその手が震えている。

二人の会話。

西「ありがとう、とてもよかった」

雫「嘘、嘘。本当のことを言って下さい。自分でわかってます」

西「そう、荒々しくて未完成で、素直で、まるで聖司のヴァイオリンのようだ。雫さんの切り出したばかりのみずみずしい原石を、しっかり見せてもらいました。慌てることはない、時間をかけてしっかりと研いで下さい」

それを聞いて、雫はわっと泣きだす。

「私、書いてみてわかったんです。書きたいだけじゃダメなんだってこと。もっと勉強しなきゃダメだって。でも、聖司君がどんどん先に行っちゃうから、私、怖くて怖くて……」

わたしたちもまた、立ち止まろう。そして確認しよう。誤解されやすいかもしれないが、『耳をすませば』は、少年少女たちの無垢や愛や夢を力強く肯定した物語——ではない。

雫や聖司は、何の根拠もなく、将来の夢や希望を語っているのではない。むしろ、彼らは堅実な、堅実すぎるほどの慎重さで、職人としての道を歩もうとしている。そもそも、雫も聖司も、特別な才能の持ち主、天才肌の人間などではなかった。ヴァイオリン職人や物語作家としての人生が約束されているわけではない。彼らの選択が輝かしい未来へとつながるかどうかは、まったくの未知数であり、すべては暗中模索の過程にあるのだ。彼らは、それを覚悟の上で、なお、それぞれの道を今まさに行こうとしている。それぞれの道を行くことで、未来において再会しようとしている。

ただ、彼らの中には、才能の原石が、少なくとも、ある。それが光って輝くかどうかは、実際に長い時間をかけて努力し、試行錯誤し、手間暇をかけて磨き続けなければ、彼ら自身にもわからない。でも、確かに、原石がある――そこまでは、わかった。

『耳をすませば』の中で語られるのは、あくまでも、そこまでなのだ。

原作マンガの男の子をロマンチックな絵描きとして表現することをやめ、具体性をもったヴァイオリン職人へと変更したということ。宮崎駿によれば、『耳をすませば』のプランの出発点は、まさにそこにあった。ここでは、スタジオジブリが、もともと「腕のいい職人（アニメーター）たちによる日本型の中小企業」という物語によって、自分たちの企業イメージを形づくってきたことを思い出してもいいのかもしれない（鈴木敏夫『仕事道楽――スタジオジブリの現場』）。

では、あらためて、大人たちが、コンクリートロードの中を生きる子どもたちの「背中を押す」とは、どういうことだったのか。

何よりも大切なのは、『耳をすませば』では、雫や聖司、夕子や杉村君たちの友情や恋愛関係だけではなく、彼らと彼らを取り巻くさまざまな大人たちとの関係が重層的に描かれている、という事実にある。そこでは、さまざまな「物語」の、あたかも星座のような多元的なキャッチボールがおこなわれているのである。

エンドクレジットを見ると、「カントリーロード」の訳者の名前は「鈴木麻実子」となっている。これは誰のことだろう。じつは彼女は鈴木プロデューサーの娘であり、当時一九歳の女の子だった。映画の中の雫と年齢が近かったので、宮崎が翻訳を頼み込んだのだという。娘さんは、ある夜、ほんの五分ほどで、さらさらと翻訳を書いてしまった。宮崎はそれを気に入ったが、彼女の歌詞に少しばかり手を入れた。たとえば彼女が翻訳した歌詞は「ひとりで生きると／何も持たずに／まちを飛びだした」だったが、宮崎はそれを「ひとりぼっち／おそれずに／生きようと／夢見ていた」と書き換えている（鈴木敏夫「「四十五歳の新人監督」近藤喜文が泣いた夜」『ジブリの教科書（9）耳をすませば』）。

ところが、この書き換えをめぐって、近藤と宮崎は対立し、怒鳴り合いの喧嘩にまでなった。結局は近藤が折れたのだが、近藤は、書き換えられる前の歌詞のほうがよかった、と後々まで深く悔やんでいたという。近藤自身もまた若い頃に、漫画家になるために、ほとんど家出するように東京に出てきた。本当に、若い頃の自分は何も持っていなかった。何者でもなかった。『耳をすませば』が完成したあと、プロデューサーの鈴木の前で、近藤はそう語って涙を流したという。普段の近藤は口数が少なく、いつも心の中を他人に見せない人だった。しかし、そのときばかりは、心の奥に隠していた激情が一瞬、噴き出したのだった。鈴木はそのときの驚きを、エッセイなどで何度か印象的に語っている。

原曲の“Take Me Home, Country Roads”は、もともとはジョン・デンバーの作詞・作曲であり、それをオリビア・ニュートン゠ジョンがカバーしたものである。劇中の「カントリーロード」は、さらにそれを日本語ヴァージョンとして翻訳・アレンジしたものだ。物語の中では、雫が演劇部の友人たちに頼まれて歌詞を翻訳したもの、ということになっている（以下の歌詞の引用は『スタジオジブリ絵コンテ全集（10）』による）。

♪カントリーロード　はるかなる　ふるさとへ　つづく道
　ウェストヴァージニア　母なる山　なつかしい　わが町

さらに雫は、その異本として、冗談として、「コンクリートロード」という替え歌をつくった。

♪コンクリートロード　どこまでも
　森をきり　谷をうめ　ウエスト東京　マウントタマ
　ふるさとは　コンクリートロード

雫は、図書館で借りた本のあいだに、この戯言のような「コンクリートロード」の歌詞をメモしたノートの紙片を挟んでいた。その本をベンチの上に置き忘れてしまい、それをたまたま聖司が見つけて読んでしまう。それが雫と聖司のはじめての（直接、顔を合わせて対面するという意味での）出会いになる――おそらく、ここにもまた、象徴的な意味があった。ちっぽけな偶然の出会いが星座のように連鎖していくということ。そこでは、ひとつの歌を書き換え、替え歌にしたものをメモした紙片が、雫がたまたまベンチに置き忘れた図書館の本に挟まれていたことで、聖司のもとへと偶然、届いてしまったのである。映画『耳をすませば』の世界には、こんなふうに、日常のささやかな偶然、ちっぽけな偶然（何かが誰かのもとにたまたま届いてしまうことの喜び）が、多様な形で描きこまれている。運命や宿命のような大きな話ではない。小さな、ささやかな、たまたまの関係性。

そして大切なのは、雫が生まれてはじめて書いた、いわば未熟児としての物語「耳をすませば」それ自体が、まさにそのようなものとして――つまり、人形のバロンとその恋人の物語、地球屋の西老人が経験したかつての悲恋の物語を、現代を生きる若者である雫が受け取り直し、変奏し、肯定的なものとして書き換えるようにして、書かれていったものだった、という過程である。

西老人は、雫がはじめて書いた物語を読んだあと、かつてドイツで猫の人形バロンを購入したときのエピソードを、雫に話してきかせる。西は若い頃、ドイツに留学中、町のカフェでバロンを見かけて、メランコリックなその表情に魅かれたという。譲ってほしいと店の人に申し出たが、断られた。というのも、バロンには恋人の猫の人形がいるが、恋人は今修理中で、二つの人形は離れ離れになっているからである。西はいったん諦めるが、その頃、西と一緒にいた若い女性が、バロンの恋人が修理から戻ってきたら、かならず私が西のところへ持っていって二つの人形を引きあわせる、と約束し、店主からバロンを譲り受ける。

その後、西はバロンだけを連れてドイツを離れることになった。その女性との再会を約束して。しかしその後すぐに戦争がはじまる。西は戦後、ドイツに戻って探したが、恋人の女性のゆくえも、バロンの恋人のゆくえも、とうとうわからなかった。そして数十年が過ぎた今も、西老人は地球屋で、その女性との再会を夢のように待ち続けている……。

西老人は「追憶の中にしかいなかったバロンを、雫さんは希望の物語に甦らせてくれたんだ」と言って、雫にエメラルドの原石をプレゼントする。「その石はあなたにふさわしい。さしあげます。しっかりと自分の物語を書きあげて下さい」（ちなみにこのシーンの絵コンテには「西　祖父の世代の役割を完結させる」とある）

確認すれば、ここには、少なくとも（1）バロンとその恋人の物語→（2）西老人とその恋人の女性の物語→（3）雫と聖司の物語→（4）雫がバロンを主人公として書いた物語「耳をすませば」、という四つの物語の継承（変奏、翻訳）の過程があるのだ。

雫は、無意識のうちにであれ、周囲の大人たちや過去の歴史の中の登場人物たちが銀河の星々のように描きだす物語を、今ここで、受け取ってしまっていた。しかしこれは、逆にいえば、『耳をすませば』の現実認識がじつはかなり厳しいものである、ということをもひそかに暗示している。というのは、バロンと恋人、西老人と女性の悲しいすれ違いを、もしかしたら雫と聖司も、近い将来になぞって反復してしまうかもしれないからだ。

雫と聖司は、結婚もできないし、恋人にもなれないのかもしれない。二人の人生もまた、すれ違いに終わってしまうかもしれない。そのことが暗示されている。でも、たとえそうだとしても構わない。

なぜなら、ヴァイオリン職人になれず、物語作家になれないかもしれないことを覚悟しているように、互いの関係が結局は失敗し、うまくいかないかもしれないという覚悟をもって、二人は将来の結婚を誓い合っているからだ。

子どもたちは、そんなふうにして、親世代や祖父母世代からの物語を継承し、作り変え、さらなる未来へとつないでいく。大人たちの物語を、新しい時代に生まれた子どもたちが、天真爛漫に受け止め、書き換え、翻案し、変奏していくのだ。

再確認しよう。雫が創り出した物語内物語としての「耳をすませば」は、ドイツのバロンの物語と、西老人の物語と、聖司の物語と、また雫自身がこれまでに無数の本の山から培ってきた物語と……それらのさまざまな物語たちが雑ざり合い、共鳴し、新しい星座をこの地上に描くようにして、雫だけの物語として、この世に産み落とされたのである。いわば、物語のちっぽけな未熟児として……。

しかもこれは、『耳をすませば』という長編アニメーションをめぐるさまざまな動きにも言える。原作の『耳をすませば』が、複雑な経緯を経てアニメ映画として完成された過程については、すでに長く書きしるしてきたが、原作者の柊あおいは『耳をすませば』連載終了の約六年後に、「耳をすませば——幸せな時間」という短い作品を発表している(『りぼんオリジナル』一九九五年八月号に掲載。単行本九六年二月)。これは映画版『耳をすませば』の劇場公開とほぼ同じタイミングで雑誌に掲載された。

また、二〇〇二年に公開されたジブリアニメ『猫の恩返し』(森田宏幸監督)は、『耳をすませば』の雫がのちに物語作家として書いた小説のひとつである、というスピンオフ的な設定になっている。

『耳をすませば』に登場した人形のバロンが『猫の恩返し』の主人公のひとりである。

さらに、映画『猫の恩返し』の原作マンガもまた、宮崎駿からのリクエストによって柊が描いたものだった。これは『バロン　猫の男爵』（二〇〇二年）という本になっている（ちなみに『猫の恩返し』は、年老いた最高権力者の猫王がむりやりルーン王子に王位を継承させようとするが、それに失敗するという話であり、これは後継者を育てようとして、なかなかうまくいかなかった当時の宮崎駿の、スタジオジブリの中での苦しい状況を寓意するとも言える）。

つまり『耳をすませば』の物語は、ひそかに宮崎たちが人生を込めて作ってきた物語を、近藤や若い人々が受け止め、変奏し、作り変えていくことへの希望とも、重なっていたのではないか。

身のまわりにすでにある物語をあらためて受け取り、書き換え、互いに雑ぜ合わせて、継承していくということ。君たちは、先行世代が形づくり、命を込めてきたさまざまな物語たちに包まれ、囲まれながら、今ここを生きている。そのことに、そっと、気づかせてあげること。

コンクリートロードとしてのこの世界には、すでに、わかりやすい理想や希望なんて、どこにもないのかもしれない。君たちの手元には、何もないのかもしれない。「大きな物語」はすでに消えてしまった。わたしたち大人が、この世界を、そうした世界として作ってきてしまったからだ。

けれども、どうか君たちは、君たちだけの小さな物語を再発見し、それらを積み重ねたり、組み合わせたりしながら、君たちだけの新しい星座をこの地上に描いていってほしい。そのための努力を、わたしたちもするから。目の前にある「大人の仕事」に全身全霊を傾けるから。どうか。きっと。近藤監督の『耳をすませば』には、そんな祈りが込められていたのではないだろうか。

無私的な職人としての人生を祝福する

その場合、『耳をすませば』において、大人が子どもたちの「背中を押す」とは、職人として生きていく道を祝福し、肯定してみせることだった。そのことには重要な意味がある。

職人になるとは、どういうことか。

思えば、そもそも『耳をすませば』の監督である近藤自身の生き方は、ほかのどのアニメーターよりも職人的なものだった。

わたしは二〇一四年の夏に、近藤の故郷である新潟県を訪れ、新潟県立万代島《ばんだいじま》美術館で開催された「近藤喜文展」（二〇一四年七月四日〜八月三一日）を見学した。そのときの記憶を今、思い出している。その日は平日で、あいにくの雨天だったが、会場には老若男女、さまざまな世代の人々の姿が溢れていた。地元の人々に自然に愛されていたのだろう。なぜかわたしも、しみじみと嬉しくなった。入り口のそばの壁には、近藤の盟友だった安藤雅司の言葉が掲げられていた。

彼はアニメーションの先駆者でもないし、革命児でもない。まして異端児とは程遠い存在であった。むしろ革命児や異端児がセンセーションを起こすのを横目で見ながら、時には真似たり、自分の中に彼らの技巧を取り込むなどして、静かにそして厳しくアニメーションに取り組んでいた人だった。（中略）

彼は、一流の技術者であり、職業人であり、そして何よりも観察、研究に力を注いでいた表現者であったといえる。

今、アニメーターを職業とする人、アニメーターを志す人に、そんな彼の仕事を見つめ直してほしいと思う。

彼の仕事に取り組む姿勢と眼差しと、その苦悩を。

そして、彼の仕事そのものを。（近藤喜文展「はじめに」）

近藤喜文は、天才的なカリスマでもなく、「革命児」や「異端児」でもなかった。職人としてのアニメーターであり、いわば無私的な存在だった。宮崎や高畑を陰ながら支え、かつ、彼ら天才にすらひそかに影響を与えて、無名的な職人としての人生を貫いていった。

近藤は明らかに、雫や聖司の生き方に自分を重ねていた。物語の中の雫は、宮崎の歌詞の書き換えをめぐって怒鳴り合い、後々まで後悔の涙を流したのだろう。ゆえに、なにも天才的で革命的な物語作者をめざしているわけではなかった。たんに、自分に厳しく生真面目な、淡々と自らの仕事を愛する、そんなひとりの物語職人になろうとしていたのだろう。

そして、わたしたちが職人になっていくとは、親や祖父母、先祖、過去から継承されてきたさまざまな物語＝商品たちに囲まれながら、技術や訓練の大切さをゆっくりと、必要な場所で必要な時間をかけて学んでいくことだろう。そうやって、内なる原石を大切に磨き続けていくことだろう。

そのために、身近なもの、ささやかなもの、ていねいに誰かの手で作られたものたちに、全方向的な無限の興味を持ち、率直な驚きと喜びを忘れず、敬意を払うことなのである。子どもたちにとってそれは、自分がすでに、さまざまな物語（言葉、商品）たちの星座に取り囲まれて生きているということ、プラネタリウムのような何かに生かされてしまっているということに、あらためて、気づき直すことを意味した。

*

ある早朝、イタリアにいるはずの聖司が自転車に乗って会いにくる。飛行機を一日早くして、雫に会いに来たのだという。二人は自転車に乗り、坂道を押して、町を見下ろす高台へと登る。朝靄《あさもや》がまるで海のようだ。やがて太陽が昇ってくる。ここは俺の秘密の場所なんだ、と聖司が言う。雫は言う。「聖司がいたから頑張れたの。私、背伸びしてよかった。自分の事、前より少しわかったから。私、もっと勉強する。だから、高校へも行こうって決めたの」「雫、あのさ、俺さ、今すぐってわけにはいかないけど、俺と結婚してくれないか。俺きっと一人前のヴァイオリン作りになるから。そしたら」「うん」「ほんとか」「嬉しい。そうなれたらいいなって思ってた」「そうか、やった」「待って。風、冷たい」「雫、大好きだ!!」……有名なラストシーンである。

とはいえ、『耳をすませば』のこの最後の場面は、いささか冗談めかして取りあげられることが多すぎるのではないか、とも思う。

確かに、まだ中学生で、生活の基盤もなく、将来の見通しも立たない二人が、唐突に結婚を約束するラストシーンは、非現実的なものに思える。悪い意味で「少女マンガ的」（空想的）にすら感じられるかもしれない。しかし、物語を通して二人の関係や葛藤、成長にゆっくりと寄り添ってきたわたしたたちには、彼らのそのすこやかなロマンチシズムが、はっきりとリアルなもの、当然のもの、必然的なものに感じられないだろうか。「これしかない」という、力強い奇跡の手触りを感じないだろうか。

アニメーション映画ならではの小さな奇跡が、確かな力強さと賛歌として、『耳をすませば』では表現されている。その演出や技術こそが「職人的」であり、卓抜であり、清冽なまでに見事なものなのだ。

たとえば、それ以前の宮崎作品の中で、『耳をすませば』といちばん物語的に似ているのは『魔女の宅急便』だろう。主人公のキキは一三歳であり、雫や聖司たちと同年代である。空を飛ぶという伝統的な魔女の力を「空飛ぶ宅急便」として現代都市風にカスタマイズして、キキは経済的な自立を果たしていく。キキは、いわば「職人としての魔女」の道を選んでいる。

しかし、『魔女の宅急便』の世界観は、さまざまな紆余曲折がありつつも、キキという主人公を中心にこの世界が回っている、という感じがする。これに対し、『耳をすませば』では、雫と聖司を中心としてこの世界が回っている感じが少しもしない。

実際に、『耳をすませば』の本当のラストシーンと言えるのは、有名な「結婚してくれないか」の場面ではない。さらにその後の、エンドクレジットが流れる中、早朝の川沿いの道を、車や新聞配達の自転車、犬の散歩をする人、夕子と杉村君などがゆっくりと歩いていく、というシーンである。これを、キキが小さなヒロインとして町に溶け込んでいく『魔女の宅急便』のラストと見比べてみればいい。近藤と宮崎とでは、世界に対する眼差しのあり方が、根本的に異なっているとわかるだろう。

近藤の画文集『ふとふり返ると』（一九九八年）は、これも大変にしみじみと素晴らしい、一冊の書物である。ときどき手に取って、心を虚しくして、ゆっくりと眺めていたくなる。近藤が日常の中ですれ違った人々の、一瞬の姿がスケッチされている。その一瞬の姿に、ふと、その人の人生が、背中越しに、自然に染みだしている。そういう感じがする。大人の宝箱のような画文集である。

近藤という人の目線は、きっと、特別なヒロインやヒーローばかりではなく、分け隔てなく、市井の老若男女すべてに対して向けられていたのだろう。この本をぼんやりと眺めていると、そんな気がしてくる。そうした分け隔てのなさが、最後の人々が歩いていくシーンに自然と反映されているのだろう。彼のそうした眼差しが、きっと、『耳をすませば』を「トトロのいないトトロ」のような作品、「見つめ合って二人だけの世界にひたる」のではなく、対等に「二人で並んで遠くを見つめる」ような作品へと昇華し、熟成させていったのだろう。

そして、この分け隔てなさの感覚――無名的な日常の目線――は、「天才」としての宮崎駿がついに、現在に至るまで、決して持ちえなかったものだった。『耳をすませば』が、宮崎ひとりの力では決して表現できなかったものを描いているとは、そういう意味である。たとえば、宮崎の近藤に対する弔辞を読むかぎり、宮崎は近藤の本質を、その死後も、あくまで「のびやかなものへの本物の憧れ」に見出しており、『耳をすませば』も、二〇代から三〇代の頃の「約束」を実現した作品として、いわば過去向きに受け止めている。そこには宮崎と近藤の、どうしようもないすれ違いが示されている、とわたしは思う。

ごく普通の名もなき人々が手間暇をかけて、技と心を込めて作った品物や物語たちに、自然な敬意を払うこと――。やはり、『耳をすませば』は、近藤喜文というひとりの慎ましくも自分に厳しい、無私的な職人の手による作品であり、各々の人生の場所で、厳しく真面目な職人の道を行こうとする子どもたちの背中を、おずおずと、しかし力強く、押そうとしたものだったのだ。

この文章をここまで書いてきて、わたしは、そのことの意味が少しばかりはわかった気がしている。「近藤喜文展」で購入した『近藤喜文の仕事』の最後のページには、近藤の次の言葉がある――「若い才能が出てほしいという思いもありますし、「みんな原石なんだ」という気持ちがあるんです」

今のわたしには、理想とか希望という言葉は、少し遠大すぎるし、大げさで強すぎる気がする。「夢」という言葉が大事であり、ちょうどいい。そんな感じがある。人の夢はかならず叶う、等と言いたいのではない。あるいは、夢という名のもとに依然として若者たちを「やりがい搾取」(労働者に夢を見させて、現実の低賃金や権利無視を正当化すること)の暴力が蝕んでいることも、重々承知している。

しかし、それでもやはり、生きる糧としての「夢」は大切なのではないか。成功するか失敗するか、幸福になれるか不幸になるか、そういうことにかかわりなく、その人の人生を全体として生かしてくれる、そんなささやかな夢の輝きが。

わたしもまた、多くの普通の親たちのように、自分の子どもに対して、幸福になってほしい、と夢見る。しかし、どんな生き方が我が子にとって幸福であるのかは、正直よくわからない。そもそも、子どもたちはただ子どもたちで生き、新しい自分たちの幸福を見つけていくだろう。それはわかっている。

ただ、唯一、考えることがある。どうか、「こういうふうに働きたい」「自分はこれがやりたいんだ」という仕事に出会ってほしい。それは、手に職があれば、経済的にも何とかなるし、さまざまな人々とも出会えるだろう、というだけではない。賃金労働に限った話でもない。

夢とは、実現が不可能に近い、大きすぎる理想ではないし、たんなる空疎な妄想（虚構）でもない。たとえば宮崎駿の『風立ちぬ』もまた、幼年期からの「夢」をモチーフとした映画なのだが、その場合、主人公の飛行機設計技師・二郎の人生の「夢」とは、職人や技術者としての――『耳をすませば』の雫や聖司と同じように――日々の懸命の努力を前提とした夢のことだった。

夢とは、理不尽で暴力的なこの世界、過酷で生きづらいこの世の中で、現実と虚構のあいだをサーフィンさせて、生き延びさせてくれるものだ。「夢だけど夢じゃなかった」（『となりのトトロ』）、そうした生き方をそっと支えてくれるのである。その意味では、無私な職人になっていくとは、夢によって生かされていくような、虚心坦懐な人生のことかもしれない。

「夢」の成分が、せめて角砂糖ほどに入った「仕事」を我が子たちにも見つけてほしい、そう願っている。コンクリートロードとしての世界（ポストモダンでノンヒューマンな世界）の中に、プラネタリウムのような夢＝物語たちの星座が描かれていくように。実際に夢とは、その人ごとに固有のものであり、自分以外の他者の夢たちと、いくらでも平和的に共存可能なものなのではなかったか。

＊

さまざまな資料や映像を突き合わせて、『もののけ姫』と『耳をすませば』の製作過程をゆっくりと追っていくうちに、わたしは自然と、次のように感じるようになった。宮崎駿には、近藤喜文監督の『耳をすませば』の完成度に対する嫉妬があり、対抗意識があったのではないか、と。

近藤喜文が『耳をすませば』の中で、無名の職人としての生き方を、未来を生きていく若者たちに対する背中からの後押しとして打ち出したとすれば、この自分は、はたして、若い人に向けてどんなメッセージを残せるのか。『もののけ姫』のプランで苦しんでいた宮崎は、あらためて、そういうことを深く内省させられたのではないか。

『耳をすませば』の共同作業を通して、宮崎駿もまた近藤喜文から、ひそかに「背中を押された」――。それによって、『耳をすませば』と絡み合うように製作された『もののけ姫』の内容もまた、さらに押し上げられていった。そういうところがあったのではないか。

とすれば、『もののけ姫』と『耳をすませば』の関係には、たんなる双子的な作品というよりも、いわば宮崎と近藤の、互いに互いを刺激し、高め合っていくような、相互的な批評（キャッチボール）という面すらあったのかもしれない。

そんなことを思ったのである。

そのことを確認した上で、「折り返し点」としての『もののけ姫』の物語の本陣に足を踏み入れていくことにしよう。

3　『もののけ姫』の成熟と喪失

アシタカとともに『もののけ姫』の世界を歩く

——「むかし、この国は深い森におおわれ、そこには太古からの神々がすんでいた」かつて大和《やまと》との戦さに敗れ、東国の山奥に落ちのびた蝦夷《えみし》の民たちの村。ある日、突然、その村を巨大なタタリ神が襲う。村の青年アシタカヒコは、村人を危機から守るために、弓矢でタタリ神を攻撃し、やむなく殺害してしまう。タタリ神の正体は巨大な猪の神であり、名をナゴの守《かみ》と言った。

村人たちは、荒ぶる神のむくろの上に塚を築き、御霊を祭って鎮めることを誓うが、ナゴの守は最後まで「けがらわしい人間どもめ、わが苦しみと憎しみを知るがいい」と、恨みと呪いを撒き散らしながら、皮膚と肉が崩れ、朽ち果てていく。

神殺しの呪いによって、アシタカの右手には赤黒く禍々しいアザが刻まれる。村の年老いた巫女ヒイ様は、そのアザはやがて骨まで届いて、そなたを殺すだろう。そう予言する。タタリ神の遺体の中からは、大粒の鉛のかたまりが出てくる。それが猪の神の骨を砕き、腸を引き裂き、むごい苦しみを与えたのだ。

ヒイ様はアシタカに言う。「そなたには自分の運命を見すえる覚悟があるかい?……西の土地で何か不吉なことがおこっているのだよ。その地におもむき、くもりのない眼《まなこ》で物事を見定めるなら、あるいは呪いを断つ道が見つかるかもしれぬ」と（以下、登場人物たちのセリフは、DVDの『もののけ姫』から筆者が聞き取ったものをベースに、必要に応じて『スタジオジブリ絵コンテ全集（11）もののけ姫』を参照して修正してある）。

神殺しの呪いを背負ったアシタカは、村の掟に従って、故郷から即刻立ち去らねばならない。村には二度と戻れない。村の男や老人たちは、一族の血も衰え、若者の数が減って静かに滅びつつある村から、一族の長となるべき青年が喪われたことの理不尽さを嘆き、無念の涙を流すが、どうすることもできない。その夜、アシタカはヤックルに乗って、人知れず村から旅立っていく。

旅立つ寸前、アシタカを「兄様」と呼ぶカヤという少女——兄妹ではなく婚約者であり、二人の関係はまわりの村人も認めていたという——が、黒曜石の入った玉の小刀を形見として手渡す。「お守りするよう息を吹きこめました。いつもいつもカヤは兄さまを思っています」「私もだ、いつもカヤを思おう」。アシタカは小刀を受け取ると、ヤックルを駆って村を出て、西へ西へと向かう旅に出る。

ここまでが『もののけ姫』という物語の冒頭であり、プロローグである。

どうだろう。

物語は速度をあげて疾走していくが、少しだけ立ち止まって、彼らの運命を想像してみてほしい。アシタカは別に何の罪もなく、何の責任もないのに、慎ましく平和なコミュニティの暮らしを破壊され、無差別な呪いの犠牲となり、仲間や家族とも別れねばならなくなった。生まれ育った故郷へは二度と帰ることができない。しかも、そんな「誰でもいいから人間どもを殺す」というテロリズム的な暴力と汚染をもたらしたナゴの守もまた、別の場所で、理不尽な人間の暴力によって仲間を殺され、故郷の土地を奪われ、今まさに彼自身も恨みの中で死につつある被害者だったのだ。

ならば、アシタカは何に怒り、何と戦えばいいのか。誰に対して責任を問えばいいのか。わからない。

——そんなアシタカたちを見舞った運命を、まず、どうか、ゆっくりと想像してみてほしい。

しかも、アシタカたちの住む蝦夷の村は、当時の「日本」における辺境の地であり、まつろわぬマイノリティの民たちが住む土地だったのである。エミシとは、もともと、中央のヤマト政権に対する辺境の民たちの存在をさす言葉である。ただし、『もののけ姫』の中で描かれた蝦夷の村の住居、あるいは民たちの衣服やその文様などは、古い北方のエミシ・エゾ・アイヌなどの民たちの文化やイメージをさまざまに取り込んで、自在に組み合わせたものである。宮崎は「蝦夷の風俗などは僕の道楽でやらせてもらったんですよ」「とにかく、よくわからないところは僕の勝手な空想で埋めただけで」と語っている（網野善彦との対談「『もののけ姫』と中世の魅力」『折り返し点』所収）。

エミシ・エゾ・アイヌの歴史を研究する小口雅史によれば、『もののけ姫』の中に描かれた蝦夷の村のようすは、むしろ、津軽海峡を越えた北海道の異民族たちを指す「エゾ」に近いものにみえるという。エミシもエゾも、漢字では同じ「蝦夷」と書くが、その実態は別物だった。またアシタカたちが着る衣服は、アイヌのものに似ているが、そこには、アイヌには見られない中国系統の髪形や挨拶、仕草などが混じっているという。「詳細に見てみると、アイヌの存在に想を得つつも、実際にはその前史であるエゾの系譜を引く北東北のマタギの世界はじめ様々な文化をミックスしてかたちづくられていることがわかる」(「北方の民＝エミシ・エゾの世界の実像と『もののけ姫』」『ジブリの教科書（10）もののけ姫』所収)。

こうした『もののけ姫』のハイブリッドな蝦夷の村は、アニメーションの力を用いて、定型的な「日本」の歴史や文化のイメージを相対化する力を帯びている。そして、潜在的にありえたかもしれない「もうひとつの日本」の、閃《ひらめ》くようなヴィジョンをわたしたちに与えるだろう。

宮崎は、若い頃に影響を受けた照葉樹林文化説の教えを、その後も独自に展開し、中国大陸から九州、関東からさらに北へとその想像力を引きのばしていって、『もののけ姫』の頃には、東北地方の白神山地あたりにまでたどり着いていた。ただしそれは、アイヌ文化を古代的な縄文文化の末裔とみなして、かえって日本国家の民族的な単一性を補完し強化してしまう、というタイプの当時流行していた学説とは、微妙に何かが異なっていた。

考古学・アイヌ史を専門とする瀬川拓郎は、アイヌの人々の文化や歴史は、かつての日本列島の縄文人たちの特徴を色濃くとどめたものであり、縄文文化を捨てて弥生文化を選んだ本土の和人たちの歴史とは別の歴史、日本の「ありえたかもしれない、もうひとつの歴史」を保存し、それを多様な形で展開してきたのかもしれない、と主張する（『アイヌと縄文――もうひとつの日本の歴史』）。

アイヌの民たちの世界は、そもそも、しばしば誤解されるような、自然と共生する閉じたイノセントなコミュニティではなかった。文化的伝統を保守しながらも、和人やオホーツク人、大陸の中国人らとの積極的な交易や異文化交流を通して、自分たちの文化と信仰生活を豊かにしてきた。つまりハイブリッドな交通関係を特徴としてきた（瀬川拓郎『アイヌ学入門』）。必要なのは、日本人が弥生化し中央集権化しきる「手前」の、多民族や多文化のせめぎあいの中で、アイヌの文化と生活をとらえなおしていくことだ。

『もののけ姫』のアシタカや蝦夷の民たちが我々に与える歴史的な「もうひとつの日本」のイメージもまた、そのようなものであるに違いない。事実、後述するように、西国のタタラ場という場所もまた、さまざまな立場や身分の人間たち、あるいは神々たちによる交通や交易によって成り立っている場であり、さらには政治的陰謀や戦さなどの敵対関係を通してすら、民たちがその雑種化＝「非社交的社交性」（カント）を推し進めていくような、ハイブリッドな城塞都市として存在していた。

タタリ神となったナゴの守の暴力は、そうした辺境に追いつめられた敗者でありマイノリティであるアシタカたちの村をこそ、無差別に襲撃し、村人たちを殺戮しようとしたのだ。そこにはいわば、弱い者がさらに弱い者を叩く、叩かざるをえない、という歴史の根源的な痛ましさがある。

とても濃密に圧縮されてはいるが、これらの冒頭の一連の流れは、『もののけ姫』の物語の全体を的確に象徴するものであり、アシタカたちの――未来を生きる少年少女たちの――人生の行く末を、不気味に暗示するものだろう。

アシタカを見舞った運命は、とてつもなく過酷であり、特別で例外的なものと思われるかもしれない。しかし、じつは、現代の子どもたち、若者たちは、もはや当たり前のように、アシタカに匹敵するほどの理不尽で残酷な運命を、ごく普通に背負ってしまっているのではないか。宮崎はその点を強調している。そして、そうした認識こそが、新たな乱世であり転換期としての「現代」の物語（神話）における出発点になるべきだ、と。

宮崎は次のように述べている。

なぜ子どもがナイフで人を刺すようになったかといったら、子どもが生きることを始められないからです。始めねばならない時期がきているのに、現実に手がかりがない。自分を自分にしていく方法がないから、自分を破壊したり他人を攻撃するんです。病理現象は、本当に深刻なところまできている。

だから、善悪の以前に、生き物としていきいき生きる能力を身につけさせてあげなきゃいけないんです。（「青春の日々をふりかえって」『折り返し点』一四五頁）

実際に、アシタカは、苦しむ民たちのもとを訪れる救い主や聖者ではないし、世界の不公正に対して雄々しく戦い続けるヒーローでもない。アシタカという青年の宿命はむしろ、その不思議なほどの無力さ、泥臭さ、何もできなさにある。

残虐な暴力に巻き込まれ、意味不明な運命に苦しみ、しかも憎悪や怒りを誰にも話せず、それをどこでも晴らすことができない。そんな気持ちが体の中にたまって、腐って、やがて蓄膿していく。アシタカもまた、そうした無数にいる平凡な少年少女たちのひとりに過ぎない。宮崎は彼のことを、生まれながらにアトピーやエイズに罹った子どもたちと同類だ、と言ったのである。

しかし、そんな平凡な無名の少年少女たち（主人公ではなく）こそが、現代的な徹底化されたポストモダンの物語の中心へと投げ込まれるキャラクターとしては、じつは、もっともふさわしいのではないか。宮崎はおそらく、そう考えた。あるいは、腹を決めた。

そんな少年少女たちの人生の道行きを、大人たちの身勝手な理想や希望を押しつけるのではなく、また彼らに共感して親密に寄り添っていくのでもなく、ただひたすら客観的に――抒情的にではなく叙事的に――見守り続けてみよう。もう我々大人には、君たちをあるべき方向へと導くことはできないし、あたたかく抱きしめることもできない、むろんそんな権利も資格もないのだが、それでもただ、あちこちを歩きまわり、彷徨《さまよ》っていく君たちの行く末を、斜め後ろから見守り続けてみよう。そう腹を決めた。

事実、『もののけ姫』のアシタカのまわりには、優しく見守ってくれる年長者もいないし、人生を先導してくれる師匠的な大人もいなかった。たとえばナウシカにとってのユパ、パズーやシータにとっての親方やドーラ、サツキやメイにとってのお父さん、キキにとっての両親やオソノさん夫妻、そういった大人たちがどこにもいなかった（唯一その可能性があったのはエボシ御前かもしれない。これは後述する）。

物語のはじまりの時点から、すでにそうだったのである。では、そんなアシタカのまなこには、生まれ育った村の外の世界は、どんなふうに見えはじめていくのか。

暴力とは何か――歩きまわりながら、考え続ける

世の中は戦さ、行き倒れ、病に飢餓、洪水に地すべりなど、無念の恨みが溢れ、不穏な空気に満ち満ちている。それに呼応するかのように、アシタカの呪われた右手のアザは痛みを強め、時には暴走してしまう。

旅の途中、アシタカは、ジコ坊という怪しい男と出会う。茶粥を炊いて、夜の食事を共にしたアシタカは、ジコ坊から、タタリ神になったあの猪の神がもともと、西へ西へと進んだ山奥にあるシシ神の森からやってきたらしい、と教えられる。

アシタカはさらなる旅路の果てに、神々の森へと至る。アシタカはその川辺で、傷ついた巨大な山犬と、その傷口から毒血を吸い出し、その血で顔を凄惨に染めた少女を目撃する。アシタカは少女と山犬に声をかけるが、返事はなく、敵意だけを残して、少女と山犬は山に消えていく。

ふと悲鳴を聞き、見ると川辺に人が倒れている。アシタカは、山犬との戦いで谷から転落し、鎖骨と片足を骨折した村人の甲六と、重傷を負った石火矢衆の若者を助け出す。アシタカは若者を背負い、甲六を励ましながら、神秘的なシシ神の森を抜け、また森の精霊コダマたちに導かれて、タタラ場へとたどりつく。

タタラ場は、山に囲まれ、湖に浮かぶ島のような異形の城塞都市であり、あちこちから盛んに白煙

をあげ、牛たちの鳴き声や、鉄を打つ音があたりに響き渡っている。炭焼きの窯や、砂鉄採りのための鉄穴《かんな》流しが見える。

　ここでもまた、宮崎がひとりの「大人」として、子どもたちにこの世界と歴史のどんな光景を見せようとしているのか、わたしたちもよく見つめてみよう。人間と神々、タタラ場とシシ神の森の周辺を取り巻く複雑怪奇な、厄介にねじ曲がった状況は、何よりも、君たちの中にあるさまざまな思い込みを打ち壊し、徹底的に焼きつくしてしまうだろう。

　タタラ場の民たちは、エボシ御前を中心として、鉄を製錬し、石火矢（銃）を開発し、森や山を切り崩している。タタラ場では、エボシが各地から身請けしてきた元遊女の女性たちや、「らい病」（ハンセン病）の患者たちが、差別や排除を受けることなく活き活きと暮らしている。男たちはえばっていず、女たちの活気を前に肩身が狭いようすである。

　リーダーのエボシ御前は、若く涼やかな美女だが、宮崎によれば、彼女はいわば二〇世紀的な女革命家であり、つねに弱い者やマイノリティたちの側に立とうとする。口先のきれいごとではない。エボシのプランはつねに具体的であり、この世の弱肉強食の過酷さを受け容れつつ、その中で社会的な弱者たちが生き延びるための、現実的な居場所・仕事・尊厳をさまざまに創りだしてきた。現代の言葉でいえば、社会的企業家のような女傑だ。

　もともと製鉄の現場は、鉄が穢《けが》れるという偏見によって、女人禁制が多かった。ところがエボシは、売られた娘たちを次々と引き取って労働の場を与えた。エボシ様は「優しい」と民たちは言う。しかしエボシは、伝統的な掟やタタリを無視して、より豊かで平等な暮らしを民に与えるためならば、周囲の自然や神々をも平然と踏みにじっていく。エボシは徹底的な合理主義者であり、人間主義者である。

しかも、それは坂口安吾が言うような次元での「人間」である。「法隆寺も平等院も焼けてしまって一向に困らぬ。必要ならば、法隆寺をとりこわして停車場をつくるがいい。(中略) 必要ならば公園をひっくり返して菜園にせよ。それが真に必要ならば、必ずそこにも真の美が生れる。そこに真実の生活があるからだ」(「日本文化私観」)。だからエボシ様は「怖い人」だ、ともタタラ場の民たちは言う。

ちなみにこのタタラ場は、企業としてのジブリそのものだ、と宮崎は言っている。『もののけ姫』の中では、製鉄は、環境破壊と弱者救援を同時にもたらすという近代的な矛盾を象徴するものだが、それは宮崎にとって、子どもたちに娯楽や快感を与えながら金銭や魂を奪っていく、という現代的なアニメーション製作の矛盾を象徴するものでもあった。

シシ神の森に棲む巨大な山犬のモロとその子どもたち、そして人間として生まれながら森の中で山犬に育てられた少女サン(もののけ姫)は、人間たちの開発と破壊から神々の森と山を守るために、日々、人間に対してゲリラ戦のような戦さを続けている。

もちろんタタラ場は、社会主義的に管理されたユートピアではないし、原始共産的な自給自足のコミュニティでもない。たとえば、かつての『未来少年コナン』のハイハーバーのような牧歌的な農村とも根本的に違う。タタラ場の人間たちは、鉄を作るために山を焼き、森を切り崩していく。居場所を奪われた森や山の神々は怒り、反撃し、襲撃をくりかえすが、エボシたちはそのたびに、石火矢によって神々を返り討ちにし、森をさらに焼き払った。

牛飼いの男たちから、森を焼いた話を聞いたアシタカは、一瞬「今、すべてがわかった」つもりになる。そしてエボシと接見し、猪の神の体内から出てきた鉛の玉を見せ、自分の旅の理由を彼女に打ち明ける。エボシが「その礫《つぶて》の秘密を知って何とする」と尋ねると、アシタカは真面目な顔のまま、ヒイ様の言葉を用いて、「それはくもりなき眼で物事を見定めてから決める」と答える。

エボシは、アシタカの青臭く無垢なその声音と眼差しを、余裕の笑みで受け流し、大口をあけて笑い飛ばす。そして「私の秘密をみせよう」と告げて、その場からアシタカを連れ出すと、鍛冶小屋の並ぶほの暗い横町をぬけ、轟々と火を噴き上げる炉のある高殿の前を通り、さらに小さな野菜畑の中を歩いて、タタラ場の奥まった一角へと案内する。

そこは、ハンセン病患者たちが療養し、生活するための隔離病棟であり、見張り小屋や庭がある。建物の中では、体中に包帯を巻いた患者たちが、次の戦争のために新しい石火矢を考案し、試作中である。明国《みんこく》製の銃では重すぎて、女や病者ではうまくあつかえない。彼らは、村の女や病人でも男並みに戦えるための兵器を開発しているのだ。

エボシ「この銃なら化け物も侍の鎧も打ち砕けよう」

病者「こわやこわや。エボシ様は国くずしをするつもりだ」

それを見て、アシタカの全身は怒りに震える。あなたはナゴの守をタタリ神に堕として私たちの平和な暮らしを奪っただけではなく、「その銃でさらに恨みと呪いを生み出そうというのか」。

エボシはこれにも涼やかに微笑んで答える。「そなたには気の毒だった。その礫は確かに私の放ったもの。愚かな猪め。呪うなら私を呪えばいいものを」。堂々としたものだ。だが注意しよう。絵コンテには、このときのエボシの顔は「妙にやさしい」、という謎めいたひとことが書き添えられてもいた。

エボシへの殺意が膨れあがり、アシタカの顔は憤怒に彩られ、髪は逆立ち、呪われた右腕が暴走しはじめ、無数の蛇やミミズのように蠢《うごめ》く。アシタカの意志を振り切って、その右手は腰の刀をつかもうとするが、アシタカは必死にその怒りと殺意を制御し、抑え込もうとする。しかし、なぜか。なぜ、アシタカは、憎むべきエボシをこの場でたたき殺さないのか――そう、たとえ今、ここでエボシを殺したとしても、神殺しをめぐる呪いは止まらず、暴力がさらなる暴力を再生産してしまう。早くもアシタカはそのことに気づきつつあったからだ。

病者たちの長《おさ》が、アシタカに懇願する。長の病は末期症状らしく、全身に包帯が巻かれ、その言葉はぼそぼそと途切れがちであり、注意深く耳をすまさねば聴きとれない。「私も呪われた身ゆえ、あなたの怒りや悲しみはよくわかります。わかるなら、どうか、その人を殺さないでおくれ。その方は、私らを人として扱ってくださった、たった一人の人です。私らの病を恐れず、わしの腐った肉を洗い、布を巻いてくれた。生きることは、まことに苦しくつらい。世を呪い、人を呪い、それでも生きたい。どうか愚かなわしに免じて……」

建物から出たエボシは、煌々と輝く月の下、石火矢を試し打ちして、山の荒れた斜面にうろつく零落した猿の神、猩々《しょうじょう》たちを追い払うと、自分を殺さんとするアシタカに、なおもこう提案する。「ここにとどまって私たちと暮らさないか」

このときのアシタカには、まだ何も答えられない。彼の中では、答えは何も熟していないからだ。この世界を生きるべき人間として、大人として、十分に成熟していないからだ。今はただ、こう聞き返すことができるだけだ。「あなたはシシ神の森すら奪うつもりか」

エボシ「古い神たちがいなくなれば、神もただの獣になろう。森に光が入り、山犬どもがしずまれば、ここは豊かな国になる。もののけ姫も人間に戻ろう」

アシタカ「もののけ姫?」

エボシ「山犬に心をうばわれた哀れな娘だ」

アシタカは、考え込むような顔のまま、隔離病棟の小屋を後にして、夜の道を戻っていくが、ふと高殿の前で立ち止まる。女たちとの約束を思い出したのだろう、その作業場へと足を踏み入れていく。女たちは笑い、歌いながら、汗水をたらしてタタラを踏んでいる。四日五晩、踏み抜くのだという。アシタカもまた、女たちに混じって労働を手伝うことにし、タタラを踏みながら、甲六の妻、おトキに尋ねる。

アシタカ「ここの暮らしは、つらいか?」

おトキ「そりゃあさ。でも下界にくらべればずっといいさ。ねえ?」

別の女が言う。「うん。おなかいっぱい食べられるし、男がいばらないしさ」

アシタカ「そうか……」

さて、どうだろうか。

『もののけ姫』の序盤、君たちは、あちこちを忙しなく歩きまわるアシタカの脇に寄り添うようにして、人間たちと神々を取り巻くこれらの複雑に、交差的に入り組んだ状況の地図全体を、まずは、ひたすら見つめることを強いられていく。いや、あちこちを迷走し、己の内面に沈潜したかと思えば、ふたたび歩き続けるアシタカとともに、重層的な混乱の渦中に放り出されて、分裂的な地図を作成し直し、混乱そのものを自らの足で踏み越えていくことを強いられてしまうのだ。

そこでは、複雑怪奇な現実を前にして、君が何かを考えるとは、状況を俯瞰的に理解することではなかった。むしろ考えるとは歩きまわること、内的な沈潜や黙考を重ねながら、あちらこちらを彷徨い、歩き続けること以外ではなく、『もののけ姫』の物語は、そうした意味で粘り強く〈考え続けること〉の異様な難しさ、疲労困憊を、君たちに厳しく教えるのである。そうだ、頭で考えるのでも足りない、まずは、歩き続けねばならないのだ。見るとは、何より、誰かの背中を斜め後ろから見守り、あるいは見守られながら、この世界を彷徨い続けることなのだ。

そしてその夜。もののけ姫は、奇怪な面を被って、単身、あたかも無謀な特攻、もしくは自爆テロのように、タタラ場を急襲していく。シシ神の森を守るために。森を焼いて仲間たちを殺した怨敵エボシを討ち取るために。

見張り小屋の鐘が激しく打ち鳴らされ、男たちが松明《たいまつ》を灯し、タタラ場は混乱におちいるが、やがて、中央の広場でエボシとサンによる女どうしの一騎打ちとなる。それを見たアシタカは、右腕の呪われた力を解放し、男たちを制圧して、二人の女のあいだに割って入る。「この娘の命、私がもらう」と。

「そなた（エボシ）の中には夜叉がいる。この娘（サン）の中にもだ」。そして自分の呪われた腕をタタラ場の人々の前にさらし、見せつける。「みんな見ろ。これが身のうちに巣食う憎しみと恨みの姿だ。肉を腐らせ、死を呼び寄せる呪いだ。これ以上憎しみに身を委ねるな」

しかしエボシは、そんなアシタカの覚悟の言葉と行動を、ここでもまた不敵に嘲笑って、あっさりと突き放してしまう――「賢《さか》しらにわずかな不運を見せびらかすな。その右腕、切り落としてやろう」

この、天を焼く怒りの炎をすら凍りつかせるかのような、エボシによるアシタカ批判。そこには、『もののけ姫』の物語の進み行き自体を臨時停止させるような、絶対零度の凄みがある。

たとえば、この場面の絵コンテには「アシタカのような言葉が大キライなエボシ。タタリも恨みも憎悪もたっぷり味わって来たエボシにはガマンならない」とある。しかし映画内のエボシの凄みを帯びた顔と声は、この注釈だけで説明がつくとは思えない。エボシの不敵な冷淡さは、漠然とではあれ、次のことをアシタカやわたしたちに予感させてしまうからだ。エボシもまた、黙ったまま涼しげに耐えているが、アシタカと同じ、いやアシタカ以上の理不尽な暴力や呪いの犠牲者なのではないか、そのような大人の女なのではないか、と。

重要なのは、物語の冒頭からあまりにも理不尽な運命を強いられたアシタカのような青年ですら、非人間的なこの世界においては、純粋な被害者のポジションには絶対に立てない、ということだ。

普通に考えれば、ふるさとの蝦夷の村が襲われ、死に至る呪いを右手に受けたのは、神々の森を焼き、殺戮兵器を開発し続けるエボシたちのせいであるはずだ。諸悪の根源、最悪の加害者、それは目の前のこの女ではないのか。そのはずである。一度はアシタカも、そう信じた。「今、すべてがわかった」。いや、しかし。しかし……本当にそうなのか。アシタカの本当の受難と問いは、かえって、そこからはじまる。

どうか、ここでもしばらく歩みを止めて、その場に立ち止まって、よくよく想像してみてほしい。君たちの人生にもきっと、理不尽な暴力の記憶があるだろうし、憎むしかない敵（てき、かたき）が何人かはいたはずだ。そんな人間たちの顔を生々しく眼前に思い浮かべながら、生々しく心の血を滴らせながら、アシタカとエボシの対話のことを、少しばかりでいい、想ってみてほしい。

あのヒイ様が言った「くもりのない眼」とは、何のことだったのか。それは、加害者でも被害者でもなく、人間の側でも神々の側でもなく、中立的な第三者のポジションから現実を見つめる、そして両者の仲裁者になる、ということなのか。違うだろう。『もののけ姫』の世界に、そんな安全で清潔なポジションがあるとは思えない。あるはずがない。

『もののけ姫』の世界は、漫画版『風の谷のナウシカ』が描いた世界の「後」の世界であり、ポストモダン的で非人間的な世界である。そのことを強調してきた。そこでは、いったん生まれた恨みや呪いたちは、この世界の中を構造的に巡りめぐって、無関係な第三者や遠くの他者たちをも巻き込んでいく。呪いとは遠隔性と感染性を特徴とする。そもそも、タタラ場や蝦夷の村もまた、決して外界をシャットアウトした安全で無垢なユートピアではありえなかった。くりかえすが、怖いのは、この世界には純粋な被害者は存在しない、という事実なのだ。この世界の中に存在するだけで、誰もが、別の誰かに対する直接間接の加害者になりうる、加害的な場に立ってしまっているからだ。この自分にとっての絶対的な怒りと恨みですら、他人からみれば「わずかな不運を見せびらか」しているなのかもしれない。アシタカは、今や、そうした客観的＝叙事的な真理の氷河を前にして、どうすることもできない。

しかも、敵意や憎しみに限らない。愛するものや弱いものを守らねばならない、という愛や祈りによって、かえってこの世の暴力が増幅し、伝染し、悲しみの水嵩が増大していくのだとしたら。実際に、この物語の中では、売られた女たちや被差別民としての病者たちですら、今や圧倒的な加害者となり、殺戮者のポジションに立ちつつある。状況が強いる偶然によって、加害／被害の輪は重層的に入れ替わり、ある特定の暴力や差別の純粋な犠牲者、社会的弱者すらもが、さらに別の弱い者や無関係な誰かを叩いてしまう。

これはもちろん、現実的な差別や暴力の存在を相対化し、「誰でも加害者なのだから仕方ない」とうやむやにすることではない。暴力や被差別に苦しめられる当事者こそが、むしろ、被害と加害の重層性という厄介さに向き合い、無力感や失語を何度も舐めながら、〈この世界という暴力〉へとまっすぐに対峙せざるをえない、ということだ。救い主やヒーローとしてではない。ごく普通の、無力でちっぽけな少年少女のひとりとして。それならば、あの「くもりのない眼」とは、そのまま、純粋に澄み切るほどに「無力な眼差し」のことなのか。

誰もがタタリ神になりうるということ

エボシとサンのあいだに割って入ったアシタカは、二人を気絶させ、サンを担いで、そのままタタラ場から立ち去ろうとする。そのとき、かつて山犬に夫を殺された女性の銃が暴発し、アシタカはその銃弾によって背中から腹を貫かれ、致命傷を負う。

制止する民たちを振り切り、異形の力で門を押し開き、アシタカは気絶したサンを抱えてヤックルに乗り、タタラ場から離れていくが、腹部からの出血は夥《おびただし》く、サンが意識を取り戻すと、そのままくずおれるようにヤックルから転落し、地面に叩きつけられる。

サンは倒れたアシタカに歩み寄り、油断なく、憎悪と殺意を向けたまま、アシタカに問い尋ねる。なぜ私の邪魔をしたのか。

アシタカ「そなたを死なせたくなかった」

サンは誇りを辱められたかのように、絶叫する。「死など恐れるものか、あいつらを追い払うためなら、命などいらぬ」

アシタカ「わかっている。最初に会ったときから……」

サン「余計な邪魔をして、無駄死にするのはお前の方だ」

サンは、身動きすらできない瀕死のアシタカの体を転がして仰向けにし、アシタカの腰の刀を抜いて、両手で喉元に刀を突き立てんとする。

アシタカ「生きろ……そなたは美しい」

サンはアシタカのその言葉に衝撃を受け、びっくりして、弾かれたように飛びのき、戸惑いのようすを見せる。

そして判断を留保し、瀕死のアシタカをシシ神の池へと連れて行き、水の中にその体を沈め、アシタカの生死を大いなるシシ神の意思に委ねる。

そのころ、ジコ坊とジバシリ（獣の生皮を被って行動する、異形化したマタギのような集団）たちが、天朝様（天皇）の命令によって、シシ神の首を奪うために森のまわりを暗躍している。ジコ坊もまた、死んだ熊の皮を全身に被って、臭いや気配を消している。シシ神の首には不老不死を与える力があると信じられている。ジコ坊たちは、夜の山の中を、その全身に星々が煌めくような漆黒の巨人が歩くのを目撃する。デイダラボッチはシシ神の夜の姿であるという伝説がある。

さらには、今や、ナゴの守の復讐を誓い、人間どもを殲滅するために、各地から猪たちの群れが結集し大集団となりつつある。その中には、一族を率いて海を渡ってきた総大将、乙事主《おっことぬし》の姿も見える。気づけば、事態は止めようもなく、巨大な戦争へとなだれ込みつつあるのだ。

やがて池の奥からあらわれたシシ神は、アシタカに近寄って、その銃創を癒す。

しかし、なぜか、あの右腕の呪いは解かれないままだ。身動きできず、横たわったままのアシタカの傍らにサンが近寄り、干し肉を食いちぎって、口移しでアシタカに食べさせる。「シシ神様がお前を生かした。だから助ける」。アシタカの瞳から涙が零れ落ちる。だがその涙は、何のために流されたのか。誰のために。彼の心のうちを、君たちは、わたしたちは、容易には窺い知れないだろう。

アシタカが横たわるシシ神の池のそばに、猪や山犬たちが集結してくる。

猪たちは、人間どもを殺戮し、森から駆逐するためにやってきたにもかかわらず、シシ神がその憎むべき人間のひとりであるアシタカの傷を癒し、命を助けたことを知って困惑する。やがて群れから、悲鳴のような抗議と憤怒の声があがる。シシ神はなぜ、敵であるはずの人間を助けたのに、同胞の猪が殺されたときは無視して放置したのか、と。

サンの母親である山犬のモロは、そんな猪たちの怒号を諫め、厳しく叱責する。「シシ神は命を与えもすれば奪いもする。そんなことも忘れてしまったのか、猪ども」。しかし猪たちは、人間の少女を「娘」と宣言するモロの真意を疑い、山犬どもがシシ神の力を独占しているのではないか、という批判の声をさらに高めていく。お前たちがナゴの守を見捨てて、裏切ったのではないか、と。

モロの顔つきが残忍な凄みを帯びる。だがその顔は、何かを予感しつつあるようにも見える。モロは言う。ナゴの守は死を恐れたのだ。今の私のように……。だが、違いがあるとすれば、きゃつは逃げて、私は逃げずに自分の足元を見つめていることだ。私の身体の中にも、すでにナゴの守と同じく人間の毒礫が入っている。私も近いうちに死にゆくだろう。そしてシシ神も、私の傷をもはや癒さず、命を吸い取るだろう……。

おそらく、君たちの眼にもまた、はじめのうちは、『もののけ姫』の物語の骨格は、人間と神々の二元的な戦いであり、人為と自然、近代と古代との戦いであると見えていたかもしれない。しかし、どうにも陰惨でやりきれないのは、本来神聖で崇高なはずの神々の陣営ですら、相互不信におちいっていがみ合い、互いに足を引っ張り合っているという、うんざりするような現実である。モロたち山犬はすでに絶滅寸前であり、かつて森の賢者と呼ばれた猩々たちは人間の力に阿《おもね》って卑劣に画策し、猪たちはシシ神への不信を露わにする。神々にとってもまた、真に憎むべきは人間よりも同族の神々であり、異教徒よりも仲間内の異端のほうが最悪の敵だ、とでもいうように。

混乱を鎮めるために、ナゴの守の最後のようすを皆に伝えたアシタカに対し、猪たちの総大将であり長である乙事主はこう言う。「わしの一族をみろ、みんな小さく馬鹿になりつつある。このままでは我らはただの肉として、人間に狩られるようになるだろう」。神々はすでに弱体化し、肉体も知能もそこらの野生の大型動物と大差がなくなり、神々ですら為すすべなく年老いて衰弱していく。『もののけ姫』とは、そんな世界なのだ。

乙事主は、もちろん、八百万の神々の運命としてのこれらの悲惨と滑稽を、骨の髄まで自覚していた。たとえ人間たちに復讐し、殺戮を果たしたところで、呪いが呪いを再生産し、タタリがタタリを感染させていくこの酷すぎる状況をどうにもできない。むしろ自分たちを滅ぼしていく。モロは忠告する。「気に入らぬ。一気にケリをつけようなどと、人間どもの思うつぼだ」。もちろん、それもよくわかっている。それでも、年老いて盲《めし》いつつある乙事主は、馬鹿になっていく愚かな愛すべき同胞たちを導き、鼓舞して、次のように宣言する以外にない。わが一族ことごとく滅びても、人間どもに思い知らせてやる。

他方で、その頃の人間たちは何をしていたのか。

タタラ場は、近隣の武士たちからの断続的な襲撃を受けている。アサノという大侍が地侍たちを唆《そそのか》し、タタラ場の鉄を強奪しようとしている。エボシ率いる民たちは、火力によって武士たちを薙《な》ぎ倒し、アサノの使いを銃で嚇《おど》して追い返す。女たちは豪胆に笑う。そんな戦闘中のエボシのもとを、あのジコ坊が訪れ、師匠連からの催促を伝える。人間どうしがやり合っている暇なぞないぞ。

じつは、彼らのあいだには密約があった。ジコ坊の怪しい立ちふるまいの背後には、天朝様（帝、天皇）の命令があった。天朝様はシシ神の首を欲している。首には不老不死を与える力があるという伝承があり、天朝様はそれを信じているからだ。合理的な人間主義者のエボシは、神の力など少しも畏れていない。怖いのは神や物の怪よりも人間だ。ジコ坊も天朝も、いつ裏切るか知れたものではない。戦いを共にする石火矢衆の男どもも、何かあればすぐさま敵に転じるだろう。この先は何があるかわからない。男どもは頼りにならない……。

こうして、さまざまな思惑や利権や復讐が絡み合って、人間たちの連合軍と神々の同盟軍の総力戦は、もはや避けられない状況になっていく。

*

シシ神の力によって復活したアシタカは、夜になっても右手の激痛に苦しんでいる。目覚めると、月が見える。そこは小さな洞窟の中であり、隣にはサンが眠っている。そのあどけなく安らかな寝顔をしばらく見つめているが、痛みに耐えかね、ひとり洞窟を出る。月の光の中、足元には鬱蒼とした森が雄大に広がっている。

すると、背後の岩の上から、サンの母親代わりの山犬モロが話しかけてくる。

モロは当然、人間を憎み、アシタカを嫌っている。その岩の上から飛び降りれば、お前は呪いの苦痛から解放されるだろう。あるいは私がお前の頭を噛み砕いてやるか。そのようにアシタカを嘲弄し、安楽な死を勧める。

だが、モロのアシタカに対する態度は、どこか煮え切らず、何かを隠したかのような、微妙な揺らぎを含み持つ。モロの人間に対する殺意はどこか、彼女自身の諦観と自己破壊的な衝動の裏返しにも見える。モロは今、森の亡びと巨大な戦さを前にして、何を望んでいるのか。神々の陣営の勝利か。同胞の生存か。娘の幸せか。違う。「私はここで朽ちていく体と森の悲鳴に耳をかたむけながらあの女（エボシ）を待っている」。モロには、もはやエボシを殺すことを最後に欲望することしかできないのだ。

サンの母親としてのモロは、母性を象徴する存在であるが、たんに凶暴で獰猛なだけの存在ではない。『もののけ姫』の製作現場を追ったドキュメンタリー『「もののけ姫」はこうして生まれた。』には、美輪明宏がモロの声をアテレコし、命を吹き込む場面が収録されている。宮崎駿が美輪に、モロの性格を説明するのだが、モロには神の残酷さがあり、現状への諦観があるが、同時に、巨大な母性もまた残している。するとモロにとってはアシタカは娘婿のような存在だとも言える。

さらにまた、宮崎の考えでは——これはアテレコの現場での思いつきだというが——モロと乙事主は、じつは昔、ちょっといい仲だったのだという。その説明を聞いた美輪の、モロというキャラクターの立体的な深みを直観的にわしづかみにする力は、ほれぼれするほど見事である。さらりと、そう、観世音菩薩と不動明王を兼ね備えたようなものね、と言って、モロの声に、残酷さと母性と女らしさをまじえた、重層的な熟成の度合いを与えていく。モロには、エボシら人間どもへの怨念があるが、最後まで、乙事主のようにタタリ神にはならない。そこには、乙事主に対する「昔のボーイフレンドがこんなになり果てて……」という複雑な思いもあったのだ。

ところが、そんな畏怖すべきモロの迫力を前にしても、アシタカはなおナイーヴな理想を語り続け、異なる種族との対話をやめようとしない。「森と人が争わずにすむ道はないのか。本当にもう止められないのか」「サンをどうするつもりだ、あの子も道連れにするつもりか」

モロは冷たく笑う。「いかにも人間らしい手前勝手な考えだな。サンは我が一族の娘だ。森と生き、森が死ぬときは共に亡びる」

アシタカはだが、なおも前のめりになって言う。「あの子を解き放て、あの子は人間だぞ」

娘婿のようなアシタカをどこか甘くみて、からかっているかのようでもあったモロは、その言葉を聞いて憤激し、牙を剝き出しにする。「だまれ小僧！　お前にあの娘の不幸が癒せるのか。森を侵した人間が我が牙を逃れるために投げてよこした赤子がサンだ。人間にもなれず、山犬にもなりきれぬ。哀れで醜い、かわいい我が娘だ。お前にサンを救えるか！」。それはまさに、母としての怒りであり、我が子への深い憐れみの情の発動だった。お前にサンを救えるか。それはアシタカの甘っちょろい理想の未熟を容赦なく刺し貫くが、同時に、モロ自身が隠し持つ繊細な弱みをも滲ませる。

アシタカはここでも、エボシの誘いの前に躊躇したのと同じく、はっきりとは答えられない。ただ、次のように言うばかりだ。「わからぬ……だが、共に生きることはできる」。共に生きるということ。ここでもわたしたちは、アシタカが絞り出したみずみずしい言葉を、わかりやすい多文化共生やエコロジーのような消費的な標語としてではなく、アシタカの失語と沈黙の重みへと想像の触手を伸ばしながら、しかも自分の足元へも問いを切り返すようにして、受け止めてみなければならない。それでは、アシタカのもぎたての果実のような言葉は、目の前のモロの胸には響いたのか。

いいや、モロは大笑いし、哄笑するばかりだ。「どうやって生きるのだ。サンと共に人間と戦うというのか」

アシタカはしつこく、しつこすぎるほどに、こう喰い下がる。「違う、それでは憎しみを増やすだけだ」

ここでも、対話は失敗し、すれ違っていく。モロは奇妙に静かな声になって、ある種の不思議な慈愛すら滲み出るような声音で、最後通牒を淡々と突きつける。良いも悪いもない、お前に客観的な事実を思い出させてやろう、とでも言うかのように。「小僧、もうお前にできることは何もない。お前はじきにアザに食い殺される身だ。夜明けと共にここを去れ」

だが、このとき、凶暴と母性と崇高と、さらに一抹の優しさをも滲ませるモロの胸の中には、一体どんな感情が去来し、吹き渡っているのか。まだまだ未熟な青年としてのアシタカには、モロの中にあるものの重みを十分に感じとったというようすはない。愛するサンのことが気になりすぎているのか。そして、アシタカの理想と無力さを、彼の隣に寄り添って見届けてきた君たちにとっても、やはり、モロの心の裡《うち》にあるものは奇妙に難解で、どこか計り難いものがあるのではないか。

社会変革者としてのエボシ

君たちは、アシタカの迷走と共に、くりかえし沈黙の底へと沈潜し、あちらこちらを彷徨いながら、泥にまみれ、血にまみれ、汗にまみれて、ここまで歩き続けてきたのだった。そしてアシタカや君たちの背中を見守りながら、わたしたち大人もまた、そうしてきたのだった。こんなにも悲しみと恨みと愛と暴力が重層的にねじれ、雑ざり合っていく世界。個々人の力など、ただ無力で、無意味としか思えない世界——。

そんな過酷な世界の中で、それでも君たちにはまだ何ができるのか。君たちにとって、誰かと共に生きる、共に生き延びあっていくとは何を意味するのか。君たちと共に、へとへとになって歩き続けてきたわたしたちもまた、君たちの未来を想って、重苦しい気怠さに包まれ、乙事主のように息も絶え絶えになっていかざるをえないのだが、ここでもやはり、安易な解釈や理解を放棄して、同情や憐れみもこらえて、ひたすら、君たちの行く末を、歩みを、斜め背後から見守り続けることにしよう。

翌朝、目覚めると、アシタカの隣には、すでにサンの姿はない。アシタカは何かを思いつめた顔をし、洞窟を出て、ヤックルを呼び、まだふらつく足取りで森へと向かおうとする。と、そこにはモロの子どもの山犬が一匹いて、アシタカを森の外へと誘導してくれるようだ。山犬に先導されて、鬱蒼とした森を抜け、岩場を抜けると、森の中にはすでに戦さの煙が立ち込めている。アシタカは山犬に、あのカヤから貰った玉の小刀を投げ、それをサンに渡してくれと頼むと、山犬と別れタタラ場へと向かう。だが、アシタカはここでも無力で、決定的に事に遅れてしまい、すでに森の中では人間と神々の戦いがはじまっている。

雨の中、不吉な霧をぬけてタタラ場にたどり着くと、そこもまた、すでに戦場になっている。黒煙が上がり、石火矢の轟音が響き、人々の叫び声が聞こえる。女や病者たちが籠城して交戦している。エボシや男たちの留守を狙って、呆れるほど卑劣なことに、近隣の侍どもが押し寄せてきたのだ。アシタカと共に、ここでも痛感せざるをえない。そうだった、人間とはもともと、こういう愚劣きわまることを平然とできる生き物だった、自分たちは正しいと信じて、と。おトキと甲六から弓と矢筒を受け取ったアシタカは、タタラ場の危機と窮状を知らせ、援軍を呼ぶために、エボシのもとへと疾駆する。

アシタカを乗せてヤックルは疾走していく。侍どもに追われながら、岩場をぬけ、川を越え、荒れ地を走っていく。アシタカと共に、君たちとわたしたちは、そこで地獄のような惨状を見せつけられる。生き物の焼ける、酷い臭いがする。またも、何もかもが手遅れだった。戦場には黒煙が上がり、大地は血と炎に染まって赤黒く焦げ、夥しい猪たちの死骸が無造作に積み重なり、人間たちの遺体がコモを被せて並べられている。まだまだ地面の下に埋まったままで、掘り起こせない遺体も多くあるようだ。驚くべきことに、宮崎は脚本に「正に肉屋の店先」と書き記しているが、これは何という、ぎりぎりの冷酷かつ滑稽な言葉だろうか。わたしたちもまた、泣き笑いするしかないのではないか。

生き残った者に尋ねれば、唐傘連は、味方のはずのタタラ場の男たちを犠牲にして猪たちをおびき寄せ、まとめて火薬で吹き飛ばしたという。猪たちも、そこに罠があることは知悉していながら、猪としての矜持《きょうじ》を守るために、人間たちへと特攻していった。アシタカはここでもやはり、何もできない。すべてがあまりにも手遅れであり、反省も判断も無意味な失語の底で、ひとり佇《たたず》むしかない。君たちもまた、そこに戦争の崇高な美しさを感じることもできなければ、壮大なスペクタクルを味わうこともできない。なぜ、こうなったのか。どうにかして食いとめられなかったのか。歴史の必然の恐ろしさを前にして呆然と言葉を失うしかない。大人になる、成熟するとは、善悪の決定不能な歴史の中で、なお起つこと、歴史的主体になることなのだが、しかしそれは少しも男らしくなく、勇ましくもないことなのだ。

猪の遺体の下敷きになった山犬を、村人たちと協力して救援したアシタカは、その山犬の背に乗って森の奥へ、サンとエボシのもとへと向かう。

その頃、全身に傷を負い、瀕死状態になった乙事主が、山の中をよろよろと歩き続けている。それをジコ坊やエボシ、ジバシリたちの一団が追跡していく。わざと乙事主にとどめを刺さず、シシ神の居場所に案内させようとしているのだ。サンは、見えないその眼の代わりになって、乙事主を励まし、シシ神の池まで誘導しようとするが、乙事主はすでに怒りと呪いに深くとらわれ、タタリ神になりかけている。猪の死体から剥いだ皮を被ったジバシリたちが、乙事主を取り囲んでいく。乙事主は絶叫する。「シシ神よ出でよ、汝が森の神なら、わが一族を甦らせ、人間を滅ぼせ」。サンもまた、タタリ神となっていく乙事主の体内へと取り込まれていく。

そこへ山犬とともにアシタカが駆けつけ、エボシに追いつき、タタラ場が侍たちの襲撃を受けている、と危機を知らせる。

エボシ「神殺しをやめて侍殺しをしろというのか」

アシタカ「違う。森とタタラ場、双方が生きる道はないのか」

しかしエボシはなぜか、ここに至ってもなおも、神殺しという目的の遂行をやめようとはしない。なぜなのか。

宮崎にとってエボシ御前は、決定的に重要な存在だった。アシタカにとっても、故郷の村を遠く去った今、大人になるための見本となり、自らの成熟のモデルとなりうる存在は、ほぼ唯一エボシだけだったろう。

アシタカはもちろん、諸悪の根源ともいえるエボシを憎み、怖れていたはずだが、同時にひそかな敬意をも感じていただろう。自分はこの人のように、社会的に虐げられた人々のために、己の生涯を無私に捧げられるのか。利他的に生きられるのか。この女は、目的と手段を自在に使い分けて恥じない、容赦のないリアリストだが、その胸の奥にはなお「ピュアなもの」、美しい理想が残っている。彼女はいわば、宮崎が理想とする意味での、二〇世紀的な革命家の末裔である。彼女は真の悪魔である、と宮崎は言っている。エボシは決して悪人ではないが、ただの悪人よりも、合理性と倫理、冷淡さと情熱のいずれをも併せ持った悪魔のほうが、本当は、ずっと恐ろしいのだ。

映画の中で直接語られはしないが、設定によればエボシは、かつて家が没落して身売りされ、その後は倭寇（海賊）の頭領の妻になり、その頭領を殺して金品を奪い日本に戻ってきたのだという。つまり彼女は、おそらくアシタカ以上に、過酷で理不尽な人生を強いられていた。他人には言えないような女としての屈辱、性的凌辱さえ数知れずあったかもしれない。

エボシの服装は、白拍子、遊女のそれである。自らが理不尽な宿命に苦しみ、また女として差別的な屈辱に耐えてきたからこそ、エボシは、苦界に落ちた遊女たちをみな引き取って、製鉄の仕事を与えたのだろう。いわば、二〇世紀的な革命家の魂を継承しながら、現代的で合理的な社会的企業家の強《したた》かさをも兼ね備えてきた。そういう女なのである。

英文学者の河野真太郎は、漫画版の『風の谷のナウシカ』や『もののけ姫』では、人工と自然、技術と自然の対立が脱構築されており、還るべき無垢な自然という幻想は払拭されているが、女性や障害者もまた積極的に労働に従事するタタラ場に象徴されるように、「市場と自由競争こそが人間にとっての第一の自然であり、その自然に還ることこそが、もっとも効率のよい社会なのだ、という観念」を見て取ることもできる、という(『戦う姫、働く少女』一八〇頁)。エボシ御前やクシャナたちは、ネオリベラリズム(ポストフェミニズム)にふさわしい「シャカイ系ヒロイン」(同一八三頁)という側面があり、それならば、宮崎駿的な「生きねば」「生きろ」などの倫理的命令は、「新自由主義的な自然としての市場で生きよという命令」(同一六九頁)としても機能してしまう、と。

しかし、私は若干異なる印象をもつ。『もののけ姫』のエボシは、確かに社会的起業家＝ポストフェミニズム的な側面があるが、天皇殺しの欲望をもった革命家でもある。つまり社会転覆的な欲望をもつ。そうした目的のためなら、タタラ場が一度解体されても構わない、と考えているようだ。アシタカがエボシに魅惑されつつ抵抗した要因のひとつも、彼女のそうした社会転覆的欲望＝革命性に対してだろう。

明らかに、エボシの中には「ピュア」でもなく市場主義者でもないような、得体の知れない不気味な欲望がある。そしてアシタカは、彼女のその奇妙に過剰な欲望にこそ共鳴し、惹かれていたのではないか。エボシは、アシタカの制止を振り切り、合理的な損得勘定をも超えて、執拗なまでにシシ神の首を狙い続ける。そして、ついには石火矢によってシシ神の首を撃ち落とすことになるが、その代償として、モロによって片腕を食いちぎられる。

見つめよう。エボシの中にあるのは、神殺しと国崩しの欲望であり、天朝殺し(天皇暗殺)という大逆的な欲望なのだ。そのためならば彼女は、我が身を滅ぼすのも厭わない。彼女の中にも得体の知れない狂気のマグマがあり、おそらく、サンやアシタカの無意識ともひそかに響き合う「死にたい」

という衝動があるのだ。

しかし、なぜか。なぜエボシはそんなにも死にたいのか。物語の中でも設定の中でも、それがはっきりと語られることはない。ここでも、彼女の涼やかな微笑と沈黙のさらに奥にあるものを、かすかに想像してみることができるだけだ。

タタラ場は、天朝＝天皇の権力によって支えられている。エボシとジコ坊の密約はそこにかかわっていた。天皇の権力ゆえに、タタラ場は自治を許され、周囲の諸勢力（侍たちや森の神々）から身を守ることができてきた。しかし、天皇の存在を頂点に置く権力は、そのまま、遊女や病者たちを排除し差別し続けてきた当のものであり、その究極の源泉である。そうした権力との危うい政治的な綱引きを試み、いわば最大の敵の力を利用することによって、エボシはタタラ場という相互扶助の場をこれまで維持してきたのである。どんなに身が汚れ、相手がこちらを政治的に利用しようが、それをも逆手にとって、この世からもっとも排除されている民たちの生と幸福を支えたかった。そこにエボシの、リアリズムと「ピュアなもの」の共存があり、悪魔的な倫理があった。

しかしおそらく、エボシの無意識は、究極的にはそうした妥協案に我慢がならなかったのだろう。こんなものが真の自立と自治と言えるのか。タタラ場の民たちにとって、真の自由とは何なのか。もはやタタラ場は、たんなるアジール（避難所）ではなく、ほんとうのコミューンへと高められねばならない時機だ。女性や病者たちが「人民」とならねばならない。だが、そのためには、何としても神殺しが必要であり、不敬なる国崩し（革命）を実行せねば——。

そこには、悪魔的な凄みがあり、狂気にも似た革命的な倫理があった。ここには『もののけ姫』が示す人間の大人としての成熟の、ひとつの極点がある。社会変革的な主体、いや、革命的な人間になれ。だが、それならばなぜ、少年少女としてのアシタカやサンは、エボシとはまた別の道を行こうとするのか。

*

アシタカは、エボシの説得を途中で放棄し、サンのもとに駆けつけ、乙事主の体内に取り込まれていくサンの名を呼び、手を伸ばす。山犬とジバシリと唐傘連が乱戦になる。アシタカは、手が届く寸前までサンに近づくが、中空へと弾き飛ばされ、池の底へと沈んでいく――ここでもアシタカは無力であり、愛する女性を自らの手で助け出すことができない。乙事主の前に、かつて恋仲だったというモロが立ち塞がる。「もう言葉までなくしたか」。モロと乙事主の身体が絡み合い、縺《もつ》れ合う。「私の娘を返せ」

そこへ、ついに、池の奥から、シシ神があらわれる――。

おそらく、『もののけ姫』の世界の中で何よりも恐ろしいのは、誰もが等しくタタリ神になりうる、という事実である。

この世界の中では、誰ひとりとして、〈純粋な被害者も純粋な加害者も存在しえない〉という過酷な真理をまっすぐに見つめられない。眼のつぶれるような真理の過酷さに耐えかねて、いつしか自暴自棄になっていく。どこかに悪や敵を捏造し、憎まなければ生きていけなくなるのだ。真理の過酷さを正面から見つめる勇気に比べれば、自分の身を滅ぼし、命を捨てて仇敵を殺すことのほうが、どんなに楽なことだろう。もちろん、そんな生き方は間違っている、頭ではそのことを理解している。しかし、頭でわかっていても、どうにもならないことがあるのだ。

ナゴの守や乙事主に限らない。アシタカもサンもモロもエボシも、そんな呪いによって闇堕ちし、それぞれの形でタタリ神化する瀬戸際にある。アシタカの冒頭の旅の道の途中、ジコ坊は暗示的に言っていた。「戦、行き倒れ、病に飢え／この世はタタリそのもの」と。

呪いを解きえないということ。アシタカの右手のアザも、シシ神の力によって傷を癒されて復活したあとも、あるいはデイダラボッチの無慈悲な暴走が終息したその後も、最後の最後まで消えることはなかった。多少色が薄くはなったが、完全に消えることはなかった（思えば『紅の豚』のポルコの豚になるという呪いも、『ハウルの動く城』のソフィーの老婆になるという呪いも、最後まで、完全に消えないのだ）。

そんな呪いは、君たちの誰の中にも、等しく普遍的にある。戦いや抗争の渦中にある人々に限らない。他人の戦いを安全圏から眺める傍観者たちも、都合よく利益を得るために虎視眈々と機会を窺う者たちも、陰謀を張りめぐらせてうまく立ちまわろうとする者たちも、決して、それらの呪いの連鎖と渦から逃れられない。それが『もののけ姫』の恐ろしさであり、いや、わたしたちが生きる世界の怖さなのだ。

それならば、アシタカやサンたちが、そして君たちが、呪いを解くとはどういうことなのか。内なるタタリ神（死にたいという欲望）と戦い続けるとは、どういうことか。

そのことを考えるためには、ここから、微妙な認識の転回が必要になる——すなわち、いや、そもそも、この世界はほんとうに、誰もが死にたくなるような絶望やタタリばかりに満ちているのだろうか、と。

もののけランドとしての自然――社会のディズニーゼーションを祝福する

物語の混沌とした潮流に飛び込み、全身を委ねていくならば、『もののけ姫』の世界には、いっさいの救いがなく、出口もない。そう感じられていく。誰ひとり空を飛べず、ひたすら泥臭く、地べたを這いずりまわるしかない。陰惨な重苦しさが大気に満ちわたり、泥と血と汚物の渦が何もかもを等しく押し流し、やがては映像を前にする私たちもまた、そんな泥濘の一部になり、泥人形になってしまう。体中の毛穴から、どろりと真っ黒な汚泥が染みだしてくる。『もののけ姫』を観続けるとは、そうした経験にほかならない、と言えばいいだろうか。

プロデューサーの鈴木敏夫は、五〇代半ばの宮崎駿が『もののけ姫』の絵コンテを描くのを隣で見つめながら、驚いた、と証言している。宮崎は、それまでに才能と努力によって培ってきた美点や得意技を自分の手で全部封じて、「この歳になりながら、まるで新人監督のような作り方をしている」、世間では『もののけ姫』は宮崎監督の集大成などとも言われるが断じてそうではない、「あれは集大成ではなく、挑戦です」。これは、映画を今回はじめて手掛ける若者のような、熱情と苦悶とみずみずしさに漲った作品です、と(『仕事道楽――スタジオジブリの現場』)。さすがと言うべきか、鈴木の言葉は『もののけ姫』という作品の心臓を、一撃でわしづかみにしてみせている。

実際に、さらに注意深く、わたしたちが全身の感覚を総動員し、解き放っていくならば、『もののけ姫』の物語には、不思議なことに、うっすらとした明るさもまた感じられてくる。ただしそれは、鬱蒼と茂る樹木の隙間をぬけて陽の光が鋭角に射し込んでくるような、力強く眩しい明るさではない。森の中のコケたちが、おのずからぼうっと「光りかがやくのではなく、光りしずまる」(武田泰淳『ひかりごけ』)ような仄《ほの》明るさである。

おそらく、その光りしずまるひそかな明るさを浴びて、体全部に染みわたらせるためには、常日頃の肉眼の力、裸眼の視力だけに頼っては、少しばかり足りないのだろう。ある種の抽象的な力をも含むような、全身体的な感性を、映画に向けて、わたしたち観客もまた「挑戦」的に解き放っていかねばならないのだろう。

では、『もののけ姫』のその不思議な明るさは、こんなにも泥と血と汚物ばかりが山積した世界のどこからやってくるのか。泥濘や遺体の山に身をさらに沈めて、共に歩こう。歩きながら、考え続けることをやめずにいよう。我慢し、抵抗し続けよう。

*

たとえば『もののけ姫』は、美術監督が五人いるという異例の体制で製作された。それくらい、この作品では、自然というものの描き方に力を入れたのである。

『となりのトトロ』の男鹿和雄、『火垂るの墓』の山本二三、『耳をすませば』の黒田聡、『海がきこえる』の田中直哉、「On Your Mark」の武重洋二。これまでのジブリ作品の美術を支えてきた最強の戦力であり、名だたるスタッフたちである。秋田県出身の男鹿は物語冒頭の北の森を中心に担当し、長崎県出身の山本は南の森を、東京都出身の田中は人里に近い森や林を、という具合に、それぞれの美術監督が個性や持ち味をうまく活かせるような分業体制が取られた。

監督の宮崎駿は、美術スタッフたちに対し、「人間なんていなくても困らない自然」を描いてほしい、という困難きわまる要求を突きつけたそうだが（「スタジオジブリ物語　未曾有の大作『もののけ姫』」『ジブリの教科書（10）もののけ姫』所収）、そこには、「このままいくと居心地のいい世界を作ってくれるジブリとなってしまう。それをぶち壊したかった」という自己破壊的な挑戦の意図もあった。くりかえすが、これが、五〇代も半ばの人間の感覚なのだろうか。こちらの背中を糺《ただ》されるような凄みが、そこにはありはしないか。

『もののけ姫』で描かれた自然の描写の、そのベースには、屋久島と白神山地がある。宮崎は一九九五年の五月一四日から五泊六日で、スタッフや関係者、総勢一六名で屋久島にロケハンに行った（七月に第二回ロケハンがおこなわれる）。宮崎は、出発点としての『風の谷のナウシカ』のときも、腐海の自然を表現するために屋久島を訪れて、その自然を観察し、インスピレーションを受け取っていた。とすれば、『もののけ姫』での屋久島訪問には、物語作家としての原点回帰という意味合いもあったろうし、『もののけ姫』によって『風の谷のナウシカ』の限界を踏み越え、さらに先の、未だ人間の指も足も触れない未踏のゾーンへと、何としても作品を押し上げたい、という並々ならぬ決意もあったろう。

白神山地や屋久島の自然を取材し、五人の美術監督たちの自然観を分業によってたくみに雑ぜ合わせたというシシ神の森の描写は、息をのむほどに美しく、神秘的で崇高な感動をすら与えてくれる。感情ではなく、感動を叩きこまれ、心を動かされる。そう言っていい。しかもそれは、どこか懐かしく「日本的」でありながら、そのまま同時に「もうひとつの日本」の未知の潜勢力をも開いてみせるような自然の相貌だった。

しかし、にもかかわらず、『もののけ姫』的な自然には、どういうことだろう、たとえば『風の谷のナウシカ』の腐海のような非人間的な凄みが感じられないし、『天空の城ラピュタ』のラピュタ島の、人間不在の自然の、その異形の進化と共存に対する驚嘆も感じられない。それはなぜか。わたしは以前から、『もののけ姫』の神々の森は、途方もなく美しいけれども、どこか書き割りめいているというか、ある種のつるりとした平滑さがある、そうも感じていた。

それはどうしてだったのか。

『もののけ姫』の約四年後に公開された『千と千尋の神隠し』では、すでにバブル経済が弾け、廃墟化した地方都市のテーマパークが、そのまま、八百万の神々のためのソープランドを思わせる歓楽の館と地続きになっている。そこにヒントがあると思われた。

つまり、その四年前の『もののけ姫』の神々の山々にもまた、すでにどこか、東京ディズニーリゾートのようなテーマパーク的なもの、いわば「もののけランド」的な雰囲気が満ちわたっていたのではないか。息をのむほどの圧倒的で神秘的な美しさにもかかわらず、いやそれゆえに、『もののけ姫』的な自然は、多くの日本人が親密な居心地の良さを感じる「美しい日本の自然」のフェイクでありレプリカのようなものなのではないか。

たとえば『もののけ姫』の世界では、神々や動物たちが、当たり前のように人間の言葉を喋る。『風の谷のナウシカ』では蟲《むし》たちは決して人間の言葉を解さないし（蟲笛やテレパシー的な接触によってのみ、かろうじてコミュニケーションを図りうる）、親しい隣人としてのトトロや猫バスですら、言葉によるコミュニケーションは基本的に不可能だった。人間の言葉を持たないからこそ、彼らの存在には、人間の思惑や想定を超えた、神聖な魅惑が湛えられていた。

これに対し『もののけ姫』では、山犬や猪の神たちが、ごく普通に、人間と同じ言葉を喋る。彼らの存在はまるでディズニーランドのミッキーマウスたちのようにすら感じられる（シシ神／デイダラボッチだけは例外的に言葉を持たない）。つまり『もののけ姫』の世界では、神々／人間／動物たちの存在が一義的で連続的なスペクトラムの中にあり、同じ言葉によって互いに意思を疎通することができるのだ。

外にある自然の力を、いわば借景のように注ぎ込んだ、日本的なテーマパークとしての「もののけランド」――。

前述したように、現実的にも、スタジオジブリは一九九六年にウォルト・ディズニー・カンパニー（WDC）ならびにウォルト・ディズニー・カンパニー・ジャパン（WDCJ）との事業提携をおこなっている。この事業提携によってジブリは、国内のビデオソフトの販売と、海外でのジブリ作品の配給を、ディズニーの流通ルートを使っておこなえるようになった。『もののけ姫』はディズニーからの出資を受けた初のジブリ作品であり、その後、ジブリはディズニーとの関係をさらに深めていく。

ウォルト・ディズニー・ジャパンの初代社長であり、その後会長となった星野康二は、二〇〇八年に鈴木敏夫の後継としてスタジオジブリの二代目社長になっている。宮崎は、ディズニーとの事業提携をおこなった『もののけ姫』『千と千尋の神隠し』によって、国内配給を世界配給へと開きながら、興行の面でも、また名声の面でも、国民作家の域を超えて世界作家となった。しかも、日本的でありつつ世界的であるという、いわばオルターグローバルな物語作家となったのである。

宮崎の盟友であり、兄貴分であり、ライバルでもある高畑勲は、『平成狸合戦ぽんぽこ』を製作中の頃から、宮崎作品の中にある「ファンタジー」としての性格を、やや粘着質の嫌味を込めて、さまざまな場所で批判している。高畑が言う「ファンタジー」とは、現実の厳しさを忘れさせ、血湧き肉躍る冒険の中にジェットコースターのように観客を引きずり込んでいく、そうしたタイプのアニメーションのことであり、高畑はそこから『もののけ姫』や『千と千尋の神隠し』を厳しく批判した。それらはただの癒しにすぎない、宮崎駿は堕落した、と。

こうした高畑の批判は、おそらく直観的には正しいのだが、それを「ファンタジー」としてあっさりと切り捨てられるとも思えない。大切なのは、この時期の宮崎の中には、微妙であるがゆえに重大な自然観の変化があり、見えにくい更新があった、ということではないか。

おそらくジブリに限った話ではない。よく言われるように、現代社会のさまざまな領域は、ディズニー的なもの、テーマパーク的なものの特徴を持ちはじめている。それを社会学者のアラン・ブライマンは「ディズニーゼーション」と呼んだ（『ディズニー化する社会』）。

グローバルなディズニーゼーションの中心には、人々の消費的な欲望の促進と管理のダイナミズムがある。そこではたとえば、ハイブリッド消費（遊園地とショッピングモールとホテルとレストランなど、異なるタイプの消費の空間が重なり合い、次第に区別がなくなっていくこと）やマーチャンダイジング（イメージやロゴ、キャラクターが販売促進のイコンとなって、商品を日常のすみずみにまで流通・浸透させていくこと）、あるいは物語化（いっけん貧しく画一化された商品や場所に、豊かな物語＝ナラティヴの価値をプラスしていく）等の戦略が取られていく。

経済学者のタイラー・コーエンによれば（『創造的破壊』）、右派左派を問わず、多くの人々は、グローバルな市場経済や自由貿易の発展は国々やコミュニティの文化的多様性を破壊すると論じてきたが、もともとグローバリゼーションの中には独特の両義性があるのだという。

グローバルな異文化交易を通じて、ひとつの社会の内部での多様性は高まる（国内では消費者の選択肢が増える）のだが、まさにそれゆえに、複数の社会のあいだでの多様性は低下していく（隣接する二つの社会は以前よりも違いがマイルドになり、似たものになる）。つまり、グローバリゼーションの中では、大衆化（画一化）とニッチ化（マイナー化）が互いに影響し合い、絡み合いながら同時に進んでいく。たとえば食品市場の世界では、各国でレストランのチェーン化が進んでいて、それによって一面ではフラットな画一化が生じてはいるのだが、同時にアジア料理、ラテン料理、ヨーロッパ料理、フュージョン料理など、さまざまな新しい料理の開発やハイブリッド化が世界中で広がってもいるはずだ。

では、現代的な消費や資本主義をめぐる、これらのグローバリゼーションやディズニーゼーションの潮流の話は、政治的なリベラリズムやマイノリティたちの歴史の側からは、どのように考えられるか。

アメリカの社会学者ジョック・ヤングによれば、従来の近代的な社会では、万国に共通の「人間」という普遍性が前提にされていた（『排除型社会』）。そこでは、社会から逸脱した犯罪者や病者などは矯正され、ふたたび社会の中に「人間」として統合され、包摂されていく。

これに対し、二〇世紀後半の三分の一以降の「後期近代」においては、従来の形でのコミュニティや労働市場が解体されていくために、社会が過剰なまでに多様化・多元化し、いわば「多様性を消費する社会」になっていく。そこには、（前期）近代社会とは別のタイプの、厄介なジレンマが生じる。なぜなら、後期近代的な社会においては、マイノリティの人々の矛盾や苦しみすらも、「差異や多様性はただちに無害化され、内部に取り込まれ、そして賞賛され」てしまうからである。一面では、それはきわめて多元主義的な社会の誕生を意味する。他者に対する社会の寛容さが増し、自分たちの安全や平穏が脅かされないかぎりは、異なる文化や嗜好を受け入れる。しかしその代わりに、後期近代＝排除型社会においては、いったん危険な犯罪者・逸脱者とみなされた人々に対しては、さまざまな場で容赦なく選別や排除がおこなわれることになる。多元的で寛容であるがゆえに、そこでは、誰もが潜在的な逸脱者になりうるのだ。

この場合、重要なのは、『もののけ姫』という「もののけランド」としてのテーマパーク的な世界が、そのまま、グローバルな過剰包摂化＝ソーシャル化が展開していく現代社会の潮流とも重なってくる、ということである。それは、城塞都市としてのタタラ場が、どこか地方のテーマパークやショッピングモールのような外観と構造を持っている、というだけではない。

実際に『もののけ姫』の世界では、過酷な生存競争や暴力的淘汰が描かれているが、他方では、元遊女や病者たちに対する、合理的配慮に基づく支援や雇用機会が与えられている。また盲目の乙事主やタタリ神化したナゴの守たちも、ぎりぎりまで手厚いケアを受けられる。その意味では、『もののけ姫』の陰惨で血みどろの世界は、驚くほど優しく、リベラルでソーシャルで福祉的な世界であるとも言える。ただしそこでは、その見返りとして、健康な成人男性たちだけではなく、女性や病者たちすらもが兵士として武器を手にし、あるいは兵器開発に従事し、能動的に社会参加しなければならない。

世界のテーマパーク化とは、こうした過剰包摂の原理によって、誰もが平等に動員され、コミュニティへの奉仕を強いられるソーシャル化の過程でもある。『もののけ姫』のポストヒューマンな世界には、このようなややこしく奇妙なダイナミズムがあり、そこでは闇と光、暴力と福祉、自由と奉仕、残酷さと優しさなどが複雑なパッチワークとして混在していく。

わたしたちはここでも、次のことを確認しよう。未来を生きていく若者や子どもたちにとっては、ディズニー化していく世界もまた、ごく当たり前の生存環境であり、自然（デジタルネイチャー）そのものである、と。ナウシカにとっては腐海が自由な遊び場であり、サツキやメイが飛びまわる庭のような場所であったように。

たとえ宮崎自身が、グローバルなディズニーゼーションの浸透に対してつねに両義的な、鬱屈した感情をもっているとしても、『もののけ姫』の世界の中を歩きまわるアシタカやサンにとってはすでに、ディズニー化していくこの世界は、たんなる肯定や否定の対象ではないし、あるいは絶望や希望の対象でもなくなっている。そこに順応し、適応すべきありのままの生存環境である。新しい楽しさや喜びを仲間たちと一緒に探し求め、発見しながら、これからも当たり前に生きて、愛し、病み、産み、老いて、そして死んでいく、当たり前の世界そのものである。

生まれてこなければよかった者たちの協働

ポストモダンなディズニー化(過剰包摂化、ソーシャル化)が進んでいく『もののけ姫』の世界の中では、ごく普通の少年少女たちが、その胸の奥に、他人の眼からは見えにくい傷を負っている。いや、それは傷というよりも、穴と呼ぶべきだろうか。その人ごとの、多種多様な、複合的な要素が絡み合って、個別的なものとして穿たれている穴たち——。

実際に、アシタカの心に穿たれた穴に、心から共感してくれる人間、彼の孤独な痛みにそっと寄り添って理解を示してくれる人間は、どこにもいなかった。それを嘆いて他人を責めるのでもなく、過度な自己憐憫におちいるのでもなく、孤独を秘密に持ち堪えていくことは、すでに、アシタカの旅路の出発点でしかなかった。

もちろんアシタカだけではなかった。ごく普通の庶民や民衆たちは、誰もが等しくそんな孤独に沈黙の中で耐えているのであり、アシタカはその圧倒的な真理を、血と泥と汚物の渦の中で、ゆっくりと自覚し、毛穴から染み込ませるようにして思い知っていくだろう。

彼らはもう、同じ痛みを背負った被害者や犠牲者として一体化したり、仲間として痛みを分かち合ったり、連帯したりすることができない。他者の痛みをうまく想像することすら難しい。それぞれの穴の形や深さが大きく異なるのだから。そのために、未成熟な少年少女たちは、内に秘めた怒りや憎しみを、うまく処理し解消することができない。この世界の中では、どんな理不尽な運命や不幸も、自分の選択の結果とみなされ、自己責任になっていく。行き場をなくした攻撃性は、自分に対する呪いとなり、いつしか、生まれてこなければよかったという自己破壊的な衝動になっていく。

けれども、『もののけ姫』の世界の若者や子どもたちは、それでも、その共感不能な穴がある、というその小さなただ一点において——互いにバラバラなまま、うまく合意も対話もできず、互いにどうしようもなくすれ違っていくままに——、一緒に生き延びようとしていく。

共に生きることが困難であるばかりではない。わたしたちの時代の言葉でいえば、民主主義や多文化共生などの言葉にこびりついた手垢を削り取って、〈共に〉の意味を協働的に再発見することが、何よりも困難であり、厄介なことなのだ。しかしそこにはなお、非連帯的な共存の道があり、非共感的な「共に歩きまわる」という道がある。いや、彼らの蛇行し、迷い、立ち止まり、ふらふらと彷徨って歩き続けていくその行程が、振り返れば、そのまま、きっと、新しい道になっている、なってしまっている。そういう「共に」がある。

思い出してみよう。その夜、瀕死の重傷を負ったアシタカは、自分を殺そうとするサンに対して、ほとんど唐突に、「生きろ、そなたは美しい」と言ったのだった。サンはびっくりして、戸惑い、その場から飛びのいた。

しかし、なぜか。なぜサンは、そんなにも驚いたのか。よく考えてみれば、これはずいぶんと不思議なことであり、熟考を要することなのではないか。

郵 便 は が き

料金受取人払郵便

本郷局承認

3935

差出有効期間
2022年1月31日
まで

（切手を貼らずに
お出しください）

113-8790

473

（受取人）

東京都文京区本郷2-27-16 2F

大月書店 行

注文書

裏面に住所・氏名・電話番号を記入の上、このハガキを小社刊行物の注文に利用ください。指定の書店にすぐにお送りします。指定がない場合はブックサービスで直送いたします。その場合は書籍代税込2500円未満は800円、税込2500円以上は300円の送料を書籍代とともに宅配時にお支払いください。

書　名	ご注文冊数
	冊
	冊
	冊
	冊
	冊

指定書店名 （地名・支店名などもご記入下さい）	

ご購読ありがとうございました。今後の出版企画の参考にさせていただきますので、下記アンケートへのご協力をお願いします。

▼※下の欄の太線で囲まれた部分は必ずご記入くださるようお願いします。

●購入された本のタイトル		
お名前《フリガナ》		年齢　　歳
電話番号（　　　）　—	ご職業	
ご住所　〒		

●どちらで購入されましたか。

市町 村区　　　書 店

●ご購入になられたきっかけ、この本をお読みになった感想、また大月書店の出版物に対するご意見・ご要望などをお聞かせください。

●どのようなジャンルやテーマに興味をお持ちですか。

●よくお読みになる雑誌・新聞などをお教えください。

●今後、ご希望の方には、小社の図書目録および随時に新刊案内をお送りします。ご希望の方は、下の□に✓をご記入ください。

□ 大月書店からの出版案内を受け取ることを希望します。

●メールマガジン配信希望の方は、大月書店ホームページよりご登録ください。（登録・配信は無料です）

いただいたご感想は、お名前・ご住所をのぞいて一部紹介させていただく場合があります。他の目的で使用することはございません。このハガキは当社が責任を持って廃棄いたします。ご協力ありがとうございました。

そもそもサンは、どんな女の子だったろうか。

サンは、まだ赤ん坊のときに、人間の両親から棄てられた。山犬に喰われそうになった両親が、自分たちが助かりたい一心で、身代わりとしてサンを山犬に差し出したのだ。どんな気まぐれだったのだろうか、モロたちは、人間の赤ん坊のサンを殺したり喰ったりせずに、家族として育ててきた。この娘は、人間と神々の中間の、どっちつかずの存在であり、ゆえに「もののけ姫」と呼ばれてきた。サンは他方では、山の神々たちから、人間臭い、人間の血は汚れていると蔑まれ、差別され、どこにもアイデンティティを見出せずに成長してきた。自分を棄てた親たちを恨み、人間たちを憎み続けることによって、かろうじて生きる理由を見失わずにすんだ。モロはそれを「憐れ」と言った。憐れな我が娘、と。

よく見つめてほしい。このサンという少女の中には、彼女を棄てた人間の両親ばかりではなく、差別をされてしまう汚れた己の身体と存在に対する、激烈な厭悪があったはずだ。自分は醜く、生きるに値しない存在だ。生まれてこないほうがよかった。そうだ、そして、生まれてこなければよかったという自己抹消の欲望を、ひそかな自尊心として、それのみに頼って、サンはこの年齢まで何とか生き延びることができた。そんな娘なのである。

アシタカは、サンの激しい憎しみと攻撃性の奥にひそむ、その言葉にならない秘密の悲しみを、凍りついた自尊心と誇り高さを、直観的に、痛いほどに、頭ではなくその皮膚と毛穴で、感じ取っていた。この子は、言うことは幼稚で、やることは自暴自棄だけれども、その混乱した酷さの先には言いようのない憐れさがあり、そしてその矛盾と自己嫌悪を誰にも隠さず、まっすぐに生きんとする彼女の姿は、この自分の眼には、ありのままに、途方もなく美しい、そうとしか感じようがない。

ここには、もうひとつの問いが重なってくる。では、アシタカはなぜ、サンの心の奥の沈黙の秘密に、直観的に、誰よりも早く気づきえたのか。この時点ではアシタカは、サンとろくに会話も交わしていなかった。伝聞でサンの置かれた憐れな状況を聞いて、同情したからだろうか。それはあるだろう。それとも、はじめて谷の底で血にまみれたサンの顔を目撃したとき、本能的に一目惚れしてしまったからか。もちろん、すでに指摘したように、それもあるだろう。しかし、それらの事情だけとも思えない。

神殺しの呪いを受ける前から、アシタカもまた、根深く、打ち消し難く、自分の存在を消してしまいたいと感じ続けてきたのではないか。君たちもまた、そのことを感じないだろうか。アシタカの心の奥にもまた、なんらかの秘密があり、言葉にできない悲しみがある。他人からみれば、憐れと感じられ、同時に酷いと感じられるような何かが。少なくともわたしには、そうとしか考えられない。ある日唐突にタタリ神に襲撃される前の、蝦夷の村でのアシタカの人生は、どんなものだったのだろう。物語の中では一切、それは触れられない。カヤという許嫁の少女はいたが、アシタカの親きょうだいのこともよくわからない。アシタカの中にもまた、サンと同じく秘密の前史があり、わかりにくい謎があったはずだ。

アシタカとサンの関係には、普通の意味でのボーイ・ミーツ・ガール的なロマンとは微妙に異なる、不可思議な何事かがある。むしろ、アシタカとサンは、その偶然的な出会いによって、はじめて、己の中にある孤独な穴の秘密を、互いに自覚しえたようにすら思える。あっという間に。その出会いの一瞬によって。

それ以前は、無意識の死にたいという欲望をどうにもできず、緩慢な自死の過程にあったのに、自分でもそれに気づけなかった。生き永らえる理由そのものと化した自己抹殺の欲望を変革できなかった。しかし、その人と出会ってみれば、どうか。一瞬のうちに、自分の穴の秘密に気づいてしまう。そうか、どんなに勇気を振り絞ろうが、自分独りの力ではこの穴を埋めることはできなかったのか、これは他者と共に変え合っていくしかないものだったのか。

他者との偶然的な出会いとは、対等な他人との合意形成ではなく、異質な他者との対話でもなく、他者の存在を通した自分との出会い直しであり、自らを新しく産み直すことなのだ。この自分の肉体を、産み落とされたばかりの未熟児として見つめ直し、その産声に耳をすませることなのである。

アシタカとサンのあいだにあるもの、それは、普通の意味での恋ではなく、愛でもない。おそらく友情とも違う。死にたがっていた者たちのぎりぎりの共存であり、近づいてはまた遠ざかりながら、おそるおそる大胆に、共に歩いていこうとする弱虫たちの、なけなしの勇気なのである。

この世には、きっと、他人を直接傷つけ、殺すことよりも、さらに悪いことがある。それは、その人を、自分で自分の存在を消させるところまで追いつめること、自分に自分を殺させていくことだ。

ユダヤ人女性の政治思想家ハンナ・アレントは、次のように述べている。

> 強制収容所という実験室のなかで人間の無用化の実験をしようとした全体的支配の試みにきわめて精確に対応するのは、人口過密な世界のなか、そしてこの世界そのものの無意味性のなかで

現代の大衆が味わう自己の無用性である。強制収容所の社会では、罰は人間の行為と何らの関係がなくてもいいし、搾取が何ぴとにも利益をもたらさなくてもかまわないし、労働が何らの成果を生まなくてもいいということが時々刻々教えられる。この社会はすべての行為、すべての人間的な感動が原則的に無意味である場所、換言すれば無意味性がその場で生み出される場所なのである。(『全体主義の起原(3)全体主義』二六二頁)

強制収容所の中では、人間の存在は、無限に無価値になり、無用化していく。しかしそれは、人口過密な現代社会や都市の中で、常日頃から一般庶民や大衆たちが感じている「このわたしはそもそも無用の存在なのかもしれない」という殺伐とした不安と、ひそかに地続きなのではないか。アレントはそう分析する。いや、というより、現代的な生活の中で強いられる自己無用化の痛みを、純粋に濃縮して、煮詰めていった場所、それが強制収容所なのではなかったか。

アレントによれば、全体主義的な暴力とは、生きていても死んでも同じだ、というだけではない。そもそも、この世界に生まれても生まれなくても同じだった、という不気味な無用性を再生産していく暴力であり、自分で自分を殺させようとする暴力なのだ。それこそがこの世の「根源悪」なのである。

『千と千尋の神隠し』の油屋を思い出してみよう。油屋とは、神々のための快楽と癒しの場が、同時に子どもたちの強制収容所(子どもたちは働かなければ名前を奪われ、存在を抹消されてしまう)でもあるようなグロテスクな場所であり、それがそのまま、廃墟となった地方都市のテーマパークとも地続きになっていた。神々の歓楽地と児童労働の地獄と消費的なテーマパークがハイブリッドになっていく非人間的な場所――。そこには、宮崎駿という天才的な物語作家の、わたしたちが生きる流動的な現在の本質をえぐり出す、驚くべき直観の力があった。

だからわたしたちは、二〇〇一年の『千と千尋の神隠し』が描いた猥雑で官能的な世界観から遡って、時間を巻き戻すようにして、『もののけ姫』の自然のあり方をも見つめてみよう。そのとき、『もののけ姫』の世界もまた、神々の居住地としての森や山がそのまま、強制的な労働や戦争への参加の場と地続きになり、それがそのままテーマパークのような遊びの庭にもなっている、そのような複雑で猥雑で官能に満ちた世界として、かすかに見えてくるはずである。

『もののけ姫』の世界の住人たちは、自分の存在を消してしまいたい、という不気味な欲望の穴を穿たれていた。それゆえに、それぞれの宿命に促されて、自己破壊的で滅私的な行動へと突き進んでいった。真剣に、真面目に生きようとすればするほど、誰もが死にたいという欲望に絡め取られていく。それが呪いやタタリの怖さだった。ナゴの守や乙事主に限らず、サンやモロ、エボシやアシタカですら、そうだったのだ。

すると、消費と労働と娯楽と信仰が絡み合い、日本的自然とテーマパークと強制収容所化が分かちがたいものとして雑じり合っていく非人間的なこの世界の中で、新時代の若者や子どもたちは、どんなふうに生き、どのような共存の道を歩んでいくのだろうか。動き続けていくこの世界の中を、無力なまま、無心なままに歩きまわること、誰かの隣りで汗水垂らして、泥まみれになって歩き続けていくことを、何度でも再開し、続行しよう。

乙事主とモロは共に、シシ神によって命を吸い取られて倒れ伏す。エボシはなおも執拗にシシ神を狙い、ついにシシ神の首を石火矢で撃ち落とす。頭部を奪われたシシ神は、全身の形が崩れはじめ、黒い汚染物質を洪水のように、あたりに無差別に撒き散らしていく。その黒いドロドロに少しでも触れた生き物たちは、人間も動物も植物も物の怪たちも、等しくその命を奪われ、あっけなく絶命していく。エボシが首をジコ坊に投げて渡すと、その瞬間、まだかすかに生きていたモロが、最後の執念でエボシに襲いかかり、憎い女のその右手を食いちぎる。倒れたエボシにとどめを刺そうとするサンを、アシタカが押しとどめる。

アシタカ「サン、力を貸してくれ」

サンは激しく拒絶する。「いやだ！　お前も人間の味方だ。その女を連れてさっさといっちまえ」

アシタカ「サン……」

サンは叫ぶ。「来るな、人間なんて大嫌いだ！」（絵コンテには「悲しみと怒りで憤怒の阿修羅のよう」とある）

アシタカ「私は人間だ……そなたも人間だ」

サン「だまれ……私は山犬だ」

アシタカは両手を広げて、サンに近寄る。サンは怒りにまかせて、「寄るな！」と声を荒らげて、短刀でアシタカの胸を突き刺す。

アシタカは刺されたまま、サンを抱きしめる。

アシタカ「すまない……なんとか止めようとしたんだが」

サン「もう終わりだ……森は死んだ」

だがアシタカは、それでも「まだ終わらない」という。まだ、自分たちが生き残っているのだから。

アシタカはサンに、奪われた首を取り戻してシシ神に返そう、と提案する。力を貸しておくれ——。

デイダラボッチは、奪われた自らの首を探し求めて暴走し、森を、大地を、空を汚染していく。それは黒いマグマのようにも、不気味な津波のようにも、果てしない宇宙の謎の暗黒物質のようにも見える。神々も動物も植物も人間も、黒々とした死の触手が無慈悲に、無差別に呑みつくしていく。

アシタカとサンは、首を持って逃げるジコ坊たちをどこまでも追いかけて、ついに追いつく。「首をシシ神に返します」。ジコ坊はなおも言う。「天土《あめつち》の間にあるすべてのものを欲するは、人の業というものだ」

アシタカは、ジコ坊のその言葉を否定しない。しかしその上で、すべてを手に入れたがる人間の欲望の限界のなさを熟知しているからこそ、「せめて人の手で返したい」と言うのであり、サンと一緒に首を空に掲げ、デイダラボッチに向けて「首をお返しする、どうか鎮まりたまえ!」と叫ぶ。

首を取り返したデイダラボッチはそのまま倒れ込み——

強風が吹き——

辺りは静まりかえり——

汚染されて枯れ果てた森と山には、一気に植物たちが復活していく。

アシタカの隣に立ちつくし、その奇跡的な甦りの光景を見つめながらも、なおもサンは悲しげである。「甦ってもここはもうシシ神の森じゃない。シシ神様は死んでしまった」

アシタカはそっと言う。「シシ神は死にはしないよ。生命《いのち》そのものだから。生と死と、二つとも持っているもの——私に生きろと言ってくれた」。アシタカは自分の右手の掌をみる。あのアザが薄くなっている。だが、治りかけの傷口のように、アザは完全には消えてはいない。呪いが完全に解かれることはない。

草原の上を、雲がゆっくりと流れている。別れ際に、サンはアシタカに言う。「アシタカは好きだ。でも人間を許すことはできない」

アシタカは言う。「それでもいい。サンは森で、私はタタラ場で暮らそう。共に生きよう。会いに行くよ。ヤックルに乗って」

サンはほんの少し微笑んで、山犬に乗って森の中に去っていく。

その頃、食いちぎられた腕の手当てを受けたエボシは、優しく、淋しく微笑んで、周囲に集まったタタラ場の民たちにこう告げている。「ざまあない、私が山犬の背で運ばれ、生き残ってしまった……みんなはじめからやり直しだ。ここをいい村にしよう」

ジコ坊はひとり、岩の上で、「いやあ、まいったまいった。バカには勝てん」とさわやかに笑う。

森の中に、わずか一匹だけ、絶滅せずに生き延びていたコダマの声が響く。

これで物語は終わりとなる。

＊

物語がようやく終わったこの場所から、あらためて、この世界をゆっくりと見回してみよう。宮崎駿の人生の「折り返し点」としての『もののけ姫』の中心人物（主人公ではない）は、なぜ、アシタカという若者でなければならなかったのか。アシタカにとって成熟とは、結局のところ何だったのか。

評論家の大塚英志は、宮崎アニメの特徴を、次のように批判している。宮崎作品の中では、基本的に、通過儀礼を経て成長し自立するのは、あくまでも女性たちであり（ミミちゃん、ナウシカ、キキ、フィオ、サン、千尋、ポニョなど）、男性たちはうまく成長することも自己実現もできず、本心ではひそかに成熟を拒否し続けている（パズー、ポルコ、アシタカ、ハク、ハウル、宗助など）。そして彼らは、成熟という困難な課題を女性たちに押しつけ、譲渡し、女性たちの力によって代理的に救済されてしまう（『物語論で読む村上春樹と宮崎駿』）。

しかし、どうだろう。大塚が言うほど、単純な話なのだろうか。『もののけ姫』のアシタカは、どうだったのか。アシタカは、人間や動物や神々を巻き込んだ複雑な対立関係の渦中に飛び込んで、利害調整や対立緩和や権利要求に引き裂かれて、ぼろぼろになっていく。結局アシタカには、最後までほとんど何もできない。モロが哄笑し嘲笑ったように、アシタカはひたすら無力で、滑稽な空回りを続けるだけだ。これまでの宮崎作品の中でも、おそらく、アシタカほど何もできず、無力なままの存在はほかにいなかった。アシタカは、タタラ場やシシ神の森をめぐる複雑な現実を自分の眼で眺め、自分の足で歩きまわった後は、あのヒイ様から受け取った「くもりのない眼」という言葉を一度も使っていない。使えなくなってしまうのだ。

しかしアシタカは、成熟することが根本的に不可能な環境（悪場所としての戦後日本）の中で、なおも、大人への成長＝熟成をめざしていく。どうしようもない不能さや卑しさを背負いながらも、隣人や他者たちと向き合って、粘り強く、粘りが強すぎるほどに、試行錯誤を続けていく。泥や血や汗にまみれて、力を尽くし、心を尽くそうとするのだ。

アシタカは、牛飼いたちのような労働者ではないし、あるいは石火矢を開発する職人でもないし、エボシのような指導者でもない。あるいは、運命に絶望しきってテロリストになるのでもなければ、すれっからしの陰謀家になるわけでもない。その意味ではアシタカは、どこまでも中途半端な存在にとどまり続ける。が、曖昧で中途半端であるからこそ、アシタカは複雑に対立する陣営のあいだを行きつ戻りつ、ジグザグに歩きまわって、それらの陣営を何とか結びつけて、ネットワーキングしようとする、いわばネゴシエーターのような役割を担っていく。それはやはり、口先のきれいごとではなかった。アシタカは何よりもまず、自分の足で歩き続ける人間、しつこく動きまわる人間だったのだから。

アシタカは、たんに無垢なユートピア主義者ではないが、かといって、政治家や官僚としての道を選ぶのでもない。宮崎作品の流れで言えば、さまざまな矛盾を背負ったナウシカの生き方を継承し、それをさらに未来の誰かへと届けようとしている。アシタカは、ナウシカよりもはるかに惨めな無力さを味わいながらも、それでも倫理と政治、ラディカルとリベラルのあいだで、ひたすら身を引き裂かれ、葛藤していく。そのような困難な道を、避けない。自主的にそれを選んだのではない。現実の矛盾や過酷さに向き合い、死にたがっている他者たちの眼差しに刺し貫かれながら、そのように生きざるをえなかった。ナウシカのようなカリスマ的な聖人でもなければ、ヒーローでもなく、さらには無垢な民衆でもない、ごく普通の、凡庸な、無力な若者として。

アシタカやサンたちには、もちろん、世界全体の仕組みを変え、革命することはできない。自分たちがそれをなしうるとも思っていない。『もののけ姫』は、地球規模のスケールをもつ漫画版『風の谷のナウシカ』とは異なり、あくまでもローカルな、小さなひとつの地域の話に過ぎない。彼らはそうした小さな世界を、少しでも改善し、よりよくするために努力し、もがき続けるだけだ。

歩き続けていく君たちの背中を、ふたたび見つめてみよう。アシタカは、タタラ場や森に住むさまざまな生き物たちが、争わずに幸福に生きられるような、新しい共存の可能性を探っていく。重要なのは、アシタカはあくまでも、一目惚れしたひとりの女性――自分は醜い、消えてしまいたい、と感じている他者――の運命を変えたい、という個人的な情愛をもちながら、それをおこなおうとしていたことだ。いっけん小奇麗な理想論ばかりを口にしているアシタカの中には、許嫁の娘をあっさり切り捨て、忘れて、そのことにろくに葛藤や自己欺瞞を感じず、すぐに別の女性を愛するようなダメさ、卑しさがあり、下半身的な欲望と理想のあいだの解離があった。その不思議な解離と邪悪に近い無感覚の中に、アシタカという青年の不気味さがあり、人間としての酷さがあった。

アシタカたちが熟成した大人の生き方を学んでいくとは、それらの内的な矛盾や酷さに向き合っていくことだった。彼らはこれからも、物語が終わった場所のさらに先で、個人と全体、愛（倫理）と功利（政治）のあいだで引き裂かれていくはずだ。むしろ、アシタカが天から贈られた才能とは、具体的な矛盾の中で、感覚壊死におちいらず苦しみ続けられること、無力さの苦味も甘露も味わえる人間だったことにある。しかもアシタカは、無力さや失語のどん底にありながらも、なお自分を変え続けることのできる人間、もっとも弱い自分を変えることで、環境や制度をもっとも強靭に変えていくことのできる人間だったのである。だがそれは、現実の汚れをまだ知らない青年や若者だけの、うぶな特権なのだろうか。

*

アシタカにとって、成熟不可能な環境の中で、唯一、成長や熟成のモデルとなりうる大人は、おそらくエボシだけだっただろう。とはいえ、アシタカやサンたちは、エボシのそれともまた別の道を歩み、別の成長や熟成の道を選んでいった。なぜか。

ここからはさらに想像と推理を重ねるしかないが、たぶんそれは、エボシが、自分がひそかに死にたがっている事実を自覚できなかったため、ではないか。エボシは、タタラ場の民たちを、じつは心の底からは信じられていなかった。どうも、そんな気がする。自分独りの力で、女たちや病者たち――そして彼ら以上に救いようのない男ども――を救ってやろうとしてしまっている。彼女にはカリスマ的な魅力があり、圧倒的な才覚と実力がある。それがかえって何かを見えなくしている。エボシは、彼女を取り囲んだ、いっけん非力で無力な他者たちによって、彼女のほうが生かされてしまっているという事実に、どうしても気づけていない。どうも、そう見えるのだ。

非人間的な世界の中で、誰かと「共に」生きていくとはどういうことか。ひそかに死にたがっている他者たちの隣を歩き続けるとは、何を意味するのか。

君は、これからも、君が生きる小さなコミュニティや地域社会のために、目の前の仕事に、血と汗と涙と心を込めていく。とはいえ、目の前のひとりの娘、一目惚れした女のことがいちばん気になる。下半身的な欲望に翻弄されながら、その欲望に忠実になることもできない。君は走り続ける。ひとつの理想をめざし、くもりなき人間であろうとすればするほど、体が濁り、酷い人間になっていく。そんな矛盾を乗り越え、完全に浄化できるのは、きっと、聖人や救い主と呼ばれる人々だけだろう。この非人間的な世界の中には、もうどこにも、そんな人々は存在しない（絵本『もののけ姫』から映画『もののけ姫』への変化を通した、無垢なものとの別れ）。

聖人でもヒーローでもなく、無垢な犠牲者としての人民にもなれない、ただの普通の少年少女である君たちは、そんな酷さや分裂を内側に抱えこみ、混乱の中で生き続けていく。それは君たちに無力さを刻々と募らせ、蓄膿させていくだろう。しかし、その混乱と無力さの中に、ふと、恩寵のような信仰心がやってくる。太陽の光が力強く射しこむのではなく、君たちのまわりの大気が柔らかく光りしずまるようにして。きっと、こんなふうに誰もが生きるしかないのだ。誰もがみな、ほんとうは、同じなのだ。農民も職人も武士も病者も天皇も。自然という眼差しから見つめられるならば、ほんとうは、誰もが等しく無力であり、各々の命の宿命を生きる以外なく、その限りでのみ平等なのだ。

豊かな日本の里山や原風景も、ディズニー的なテーマパークもまた、等しく自然であり、この地球上の腐海のようなものだ。そう考えられる。ならば、そこには、何かを善用することと悪用することの違いがあるだけではないのか。すべての存在が一義的に、ありのままに正しい、と言いたいのではない。この世には善用しえないものは何もない、と言いたいのだ。たとえばデイダラボッチの、万物に漏れなく死を与える毒物によって汚染された土地にこそ咲き乱れる花や草もあるだろう。汚染と清浄を完全に等価に肯定し、善用しつくしていく自然の力があり、変化と生成の力がある。アシタカやサンの目線に重ねて、観客の君たちが見つめていく『もののけ姫』の世界にもまた、欠けているもの、足りないものなど、ほんとうは何ひとつありはしない。特別な存在、偉人や聖人など、この地球の歴史上ひとりもいなかったように。君は無力で、言葉も選べず、ただ弱く、ただ小さい。だが、君のその小ささと弱さと失語もまた、なんらかの欠損ではなく、それ自体が潜在し充満する自然の力そのものなのだ。

　あの無限に死にたくなる呪いを解くとは、この世に善用できないものは何もない、欠損や損壊は存在しない、という自然的な感覚を全身に満ちわたらせること、満ち足りさせることなのかもしれない。

　アシタカは〈共に生きよう〉と言った。それは漫画版『風の谷のナウシカ』でナウシカが旅路の最後に民たちに語りかけた「どんなに苦しくても／生きねば……」という言葉とは、すでに何かが決定的に違った。糸井重里が、それまでのジブリ作品の中で一番苦しんで生み出したという『もののけ姫』のキャッチコピー、「生きろ。」とも、何かが根本的に違っている。

　アシタカが口にする〈共に生きよう〉は、もはや、なんらかのスローガンではない。カリスマ的な聖人や救い主が民衆に与える教説でもない。新しい時代の若者たち、少年少女たちが、文字通り一生懸命な試行錯誤によって、体全体で丸ごと生きようとした言葉であり、新しく産み直された言葉だった。

呪いを解くことは、そもそも、ひとりではできない。別の呪いに苦しみ、死にたがっている他者の隣で、互いに呪いを解き合っていくしかない。共に生きるとは、美しく平和的な共生などではない。多文化主義の話でもない。血まみれの共存であり、無数の闘争や敵対の泥沼に巻き込まれながら、互いに傷つけ、殺し合いながら、へとへとになり、泥人形になってもなお、利害調整や折衝を諦めず、諦めることを諦めて、隣人として生きていこうとする意志であり、なけなしの勇気のことだ。

アシタカは、故郷の蝦夷の村に還ることもなく、サンと一緒に森の中で暮らすわけでもなく、さしあたりはタタラ場の民たちと暮らす道を選択した。とはいえ、完全にタタラ場に根を下ろすこともなさそうだ。今後もさらなる所在の無さを経験し、まわりの人間から罵倒され、嘲弄され、失望されながら、疲弊が打ち続いていくのは、はなから、わかりきったことだ。しかし――しかし、それでも。

大人としての責任を果たすこと――ユーモアとしての無力さ

大切なのは、次のことだ。アシタカやサンが、無力な者たちの協働として産み落とした〈共に生きよう〉という言葉には、映画監督であり物語作者である宮崎の存在をすら突き放すような、爽快な何かがあった。

宮崎は、物語を書き進め、何度も執拗にそれを書き換えながら、ずっと、アシタカやサンには何かが足りない、この子たちには決定的な何かが欠けている、と感じ続けていたのではないか。ナウシカのような聖人や無垢な姫君たちに比べたら、君たちはあまりにも小さすぎる。偽物の俗物でありすぎる。無力で脆弱すぎる……。

しかしそれこそが、宮崎が長年背負ってきた呪いであり、宮崎の内なる自己嫌悪の病巣であり、この世界から消えたいという悪意ではなかったか。つまり、自分の存在以上に愛しているはずの子どもに対してすら、何かが足りない、という無限の欠損を感じ続けてしまう、永遠に満たされない邪悪な飢渇のような呪い。それは宮崎の人生を、とめどなく苦しめてきた。宮崎の「大人」への成熟を妨げてきた。そう思える。

「折り返し点」へと突き当たった宮崎の人生と創作は、もはや、アシタカたちの存在によって、逆に試されてしまっていた。無垢な少女や救い主ではなく、アシタカという無力でちっぽけなひとりの青年を信じる、どこまでも信じぬくとは、どういうことなのか、そのための力がこの自分には満ちているのか、と。

大人としての責任を果たすこと——。

小説家のドストエフスキーは、ロシアの民衆と出会うことによって、自分の中のインテリ崩れの信念が破壊され、根本的に更生されて、ゆっくりと徐々に生まれ変わったのだと書いたが、その場合、ドストエフスキーが出会った民衆とは、わたしたちが通常、漠然とイメージするようなロシアの大地に根差した農民たちのことではなかった。

ドストエフスキーにとっての民衆とは、オムスクの監獄で出会った不可解な殺人鬼や犯罪者たちをも含むのであり、たとえば『罪と罰』のラスコーリニコフや『悪霊』のスタヴローギンのような邪悪な人間たち、彼らがまさにロシアの民衆そのものだった。そしてドストエフスキーは、自らの肉体をもそうした有象無象の民衆のひとりとして、受け取り直し、いや、産み直していった。民衆としてのこの自分こそが、わけのわからない謎めいた存在であり、誰もが完全に平等なままに、各々の宿命的な命を生きているのだ、そんな畏れとともに。彼にとって、民衆を信じる、いや信じさせられてしまうとは、そういう意味だった。

宮崎駿にとっては、長いあいだ、真の民衆とは、大人になる前の子どもたち以外にありえなかった。頽落した大人たちの存在を嫌悪し、豚のような自らの肉体を忌み嫌ってきたが、民衆としての子どもたちの無垢かつ残酷な煌きだけは、心から信じられた。だから、たとえば民藝運動の柳宗悦やアーツ&クラフツ運動のウィリアム・モリスが、政治改革や国家改造よりも草の根からの民衆の教育を重視したように、宮崎もまた何よりも、子どもたちに対する教育を重視してきた。時には、保育園や幼稚園の理念やデザインまで自分で考えようとした。

だが、『もののけ姫』においては、自然の変容や異種混淆の中で生きるありふれた民衆たちとは、もはや幼い子どもたちだけではなく、青年や庶民たち、中年男性や病者たちの存在をも含むものであり、それらが雑ぜ合わされていくような人民性を意味した。

いや、アシタカやサンによって爽快に突き放されていく宮崎自身の肉体と精神もまた、まぎれもなく、有象無象として蠢く民衆たちの一部だったのだ。そのときだ、『もののけ姫』の世界において、ありとあらゆる登場人物たちが、完璧に対等な存在として、各々のあり方において固有の宿命を背負った存在として、無名の花々や雑草たちが夜の風にざわめくようにして、立ち上がってきたのは。あの、雑草という草などない、個々の固有の草たちがあるだけだ、という言葉のように。

宮崎の眼差しは、今や、アシタカやサンやエボシや山犬や女や病者やジコ坊たちを、ただたんに等しいものとして、見つめていく。誰かに共感し寄り添うのではない。共にあちらこちらを彷徨い、落ち着きなく歩きまわりながら、彼らの背中をただ見守る。それだけのことによって、自らの全身に十全な力を満ちわたらせ、満ち足りさせていく。そこには、余計な解釈もいらない。理想や希望もいらない。誰かの背中を見守るとは、その誰かの歩行の惑いや蛇行をそのまま信じることであり、共に歩きながら、何もかもを考え続けることなのだ。彼らが何を考え、現実に向き合い、何を決断するかを。彼らの存在をも内包するこの世界が、どんなふうに動き、変化し、進歩あるいは進化していくかを。

アシタカたちや、それを見つめる君たちの背中をさらに背後から見つめる宮崎たちの背中を、今、わたしは、できるかぎりの血と汗と涙と心を込めて、想ってみる。あらためて、あの〈善用できないものは何もない〉という自然の力を、毛穴から吸い込み、毛細血管のすみずみにまで充溢させ、満ちわたらせようとしてみる。大人にとってもっとも大事な仕事、生業とは、生産でも消費でもサービスでもなく、子どもたちや若者たちのゆく道を信じようとすることなのかもしれない。そして彼らが改善し、作り変えていく未来の世界を、その善用の可能性において信じ続けることなのかもしれない。

たとえば、いつかテレビで見た、難病や小児ガンによって幼くして死んでいく子どもたちが、死の前にディズニーランドに招待され、ディズニーキャラクターたちに囲まれて幸福な笑顔を浮かべ、喜んでいるという光景、それを死の前の慰めにするという光景。わたしはそれを、どこかグロテスクなことだと感じてきた。短い人生の最後に、そんな程度の偽物のぺらぺらの喜びしか与えられないとは、憐れであり、可哀想だ、と。

けれども、豊かな自然や八百万の神々に囲まれることの喜びと、ミッキーマウスやくまのプーやダッフィーたちに囲まれて寿《ことほ》がれることの喜びのあいだに、一体どんな根本的な違いがあるというのか。無理に線を引く必要はないのではないか。たとえば、太古の人々が、彼らの部族の神々を深く信奉して一生を終えていくことは、現代人からみれば、ひどく馬鹿馬鹿しく滑稽に思えるかもしれないが、むしろ現代人のわたしたちこそが、彼らの憐れみによって眺められてしまっているかもしれないではないか。

わたしたちや君たちの世界が、どんなに陰惨で愚劣で無意味な暴力に満ちているとしても、すでに起こってしまったことはすべてが必然の流れであり、この世の糧となり、善になりうる。人類が生物的・文化的な進化の過程で作り出し、発明してきたものたちの中で、善用のできないもの、自他を同時に生かすという意味での〈善〉になりえないものは、ほんとうは何ひとつない。国家も、組織も、鉄も、銃も、毒も、原子力すらも。

非人間主義的な転回＝折り返しのあとの徹底的なポストモダンの世界の中では、真実と偽物、善と悪、加害と被害、人工と自然の区別がメルトダウンして、見分け難くなっていく。しかし、そんな世界の一部を、わたしたちは恣意的に切り取ってはいけない。この世界の一部を切り取って、それを人間的な価値観によって解釈し、その善悪や美醜を安易に判断してはいけない。何より、この世界には何かが足りない、と不十分や不充足を数えあげてはいけない。

この世界をありのままに信じるとは、達観した無私、くもりのない眼を得るための道ではなかった。

悟りきった無私、くもりのない眼差しなど、このお天道様の下には、どこにもありはしない。我執を殺そうとして殺しきれないわたし、くもりを除去したくてさらに混濁していく眼、そんな（無私ではなく）無力なわたしがあるばかりであり、途方に暮れ、迷い続け、死にたくなっていくこのわたしの常日頃のおこないの中に、そんな混濁や分裂の中にこそ、外なるあの自然の力が流れ込んでくる。誰よりも無力を感じるからこそ、他なる力によって生かされてしまっている、無名的なこのわたしとして。

どうしようもなく無力な君の肉体もまた自然の一部であり、必然としての自然そのものなのであり、足りないものは何ひとつないのだ。活用不可能なもの、善用できない肉体や精神もまた、この地上には、何ひとつありはしないのだ。

アシタカたちだけではなかった。君たちだけでもなかった。わたしたち大人もまた、あまりにも小さく無力な存在だった。わたしたち大人こそが、実る前に地に落ちて未熟なまま腐り果ててゆく果物のように、この惑星に産まれて泣き喚く未熟児のように、ありのままに小さく無力だった。ただ、混濁した無力な眼によって、現実の動きと蠢きを見守り続けることしかできなかった。だからこそ、目の前の地域や社会をよりましにするために、ちっぽけな仕事に全力を尽くすことを、大人であるわたしたちは許されている。全身全霊を込めた理想と、退屈なルーチンワークのあいだを行き来しながら。大人としての淋しさと喜びを、全身に満ちわたらせることによって。

＊

そろそろ、足を止めることにしよう。

わたしはここまで、『もののけ姫』の物語全体をとぼとぼと彷徨いながら歩き通すことで、アシタカたちが、君たちが生きてみせた〈共に生きること〉の意味を、わたしなりの批評という書き方によって記述し直すことを試みた。大人の仕事としての〈批評〉というやり方で、『もののけ姫』の物語の行く末を見守り続けてみた。しかし、ここでもまた、君たちを見守るつもりが、逆に見守られてしまっていたのは、わたしたち大人の側なのだった。そこには、このわたしの全身全霊の仕事があっけなく突き放されたときのような、どこかさわやかなユーモアとしての無力さがあり、わたしはそのユーモアを、何度も咀嚼し、五感を解き放って味わいつくしたかった。

たとえば、「折り返し点」としての『もののけ姫』から一六年後の二〇一三年に劇場公開された、「終着点」としての『風立ちぬ』の主人公である堀越二郎は、少年時代から美しい飛行機を作ることだけを夢見て、人生をかけて懸命に努力し続けたけれども、結局は何もできなかった。愛した女性を守れず、家族を踏みにじり、若者を見殺しにし、祖国を滅ぼすような生き方しかできなかった。すべては青い空と白い雲の果てに掻き消え、風の音を聴くことしかできなかった。

ただ、そんな人生を振り返って、呆然と言葉を失いながらも、自分を生かしてくれたすべてのものたちに対し、感謝を捧げようとした。ありがとう、ありがとう、と。それが、宮崎が長い歩みの果てにたどり着いた大人の男の限界であり、歴史的な命が行き着く最果ての場所だった。

アシタカという男の子は、そんな二郎とも確かによく似ていた。アシタカもまた、無力であり、自らの運命に従いかつ逆らって、懸命に走り続けもがき続けたが、結果的に、ほとんど何も変えられず、何もできなかった。

これは、製作の順序としては奇妙な言い方になるが、『風立ちぬ』の二郎が行き着いた歴史の臨界点の、さらにその先を、すでに一六年前の『もののけ姫』のアシタカという男の子が切り拓いていたのではなかったか、そのようにすら、今、わたしは感じる。二郎の人生と酷似したものでありながら、それとはおのずから別の道の可能性を、じつは、あらかじめアシタカが生きはじめていたのではなかったか。『もののけ姫』のアシタカという青年は、二郎と菜穂子のあいだの、この世には決して産まれることがなかった子どもであり、水子であり、幽霊だったのかもしれない。そのように感じている。

参考文献・資料

宮崎駿『折り返し点　1997〜2008』岩波書店、二〇〇八年

宮崎駿『出発点　1979〜1996』岩波書店、一九九六年

宮崎駿『スタジオジブリ絵コンテ全集（10）耳をすませば　On Your Mark』徳間書店、二〇〇一年

宮崎駿『スタジオジブリ絵コンテ全集（11）もののけ姫』徳間書店、二〇〇二年

宮崎駿『もののけ姫』（絵本）徳間書店、一九九三年

スタジオジブリ編『ジブリの教科書（9）耳をすませば』文春文庫、二〇一五年
スタジオジブリ編『ジブリの教科書（10）もののけ姫』文春文庫、二〇一五年
安藤雅司＋スタジオジブリ責任編集『近藤喜文の仕事――動画で表現できること』スタジオジブリ、二〇〇〇年（二〇一四年再版）
浦谷年良『「もののけ姫」はこうして生まれた。』徳間書店、一九九八年
DVD『「もののけ姫」はこうして生まれた。』ディレクター浦谷年良、テレビマンユニオン制作、一九九八年
近藤喜文『ふとふり返ると　近藤喜文画文集』徳間書店、一九九八年
鈴木敏夫『仕事道楽――スタジオジブリの現場』岩波新書、二〇〇八年
高畑・宮崎作品研究所編『近藤喜文さん追悼文集　近藤さんのいた風景』（改訂第二版）RST出版、二〇〇〇年

アーレント、ハンナ『全体主義の起原（3）全体主義』（新版）大久保和郎・大島かおり訳、みすず書房、二〇一七年
稲葉振一郎『「資本」論――取引する身体／取引される身体』ちくま新書、二〇〇五年
大塚英志『物語論で読む村上春樹と宮崎駿――構造しかない日本』角川oneテーマ21、二〇〇九年
河野真太郎『戦う姫、働く少女』堀之内出版、二〇一七年
コーエン、タイラー『創造的破壊――グローバル文化経済学とコンテンツ産業』田中秀臣監訳、浜野志保訳、作品社、二〇一一年

坂口安吾「日本文化私観」『坂口安吾全集（14）』ちくま文庫、一九九〇年
篠原雅武『人新世の哲学——思弁的実在論以後の「人間の条件」』人文書院、二〇一八年
瀬川拓郎『アイヌ学入門』講談社現代新書、二〇一五年
瀬川拓郎『アイヌと縄文——もうひとつの日本の歴史』ちくま新書、二〇一六年
フクヤマ、フランシス『歴史の終わり』（上下）渡部昇一訳、三笠書房、原著一九九二年
ブライマン、アラン『ディズニー化する社会——文化・消費・労働とグローバリゼーション』能登路雅子監訳、森岡洋二訳、明石書店、二〇〇八年
ヤング、ジョック『排除型社会——後期近代における犯罪・雇用・差異』青木秀男ほか訳、洛北出版、二〇〇七年

II はじまりの宮崎駿

『風立ちぬ』論

宮崎駿にとって「最後」とは何か

「最後の国民作家」とも言われる宮崎駿にとって、「最後」の作品とは、何を意味するのだろうか。二〇一三年に劇場公開された『風立ちぬ』は、当時、宮崎駿の最後の長編作品とされた。もちろん、宮崎監督がその後、引退を撤回し、新作『君たちはどう生きるか』の製作を発表したことは周知の通りである。そもそも、以前から宮崎がたびたび監督引退を宣言しては撤回することをくりかえしてきたことを思えば、それはいつも通りのことだったのかもしれない。

しかし『風立ちぬ』という作品には、確かに、これが本当に「最後」ではないか、と感じさせる何かがあった。

それはなぜだろうか。

わたしたちが「この世界はなぜこんなにも美しいのか」と呆然と立ちつくすときの、その美しさの意味を更新するような完成度。近代日本国家の戦争と平和をめぐる矛盾の追い詰め方。ただ飛行機を作りたかった男の、ほとんど狂気にも似た情熱。お互いの狂気を赦しあい、求めあう、若い男女の愛のゆくえ。人々の幸福も不幸も、喜びも悲しみも、何もかもを等しく飲みつくしていく歴史の怖ろしさ……。

『風立ちぬ』は、まさしく、日本の戦後アニメーションのひとつの絶頂に達した作品と言える。人生をアニメ作りに捧げてきた宮崎にとって、総決算としての「最後」と呼ぶにふさわしい作品だった。

主人公のモデルは、実在した航空技師の堀越二郎氏である。のちの三菱重工業に勤め、零戦（海軍零式艦上戦闘機。当初は「三菱A6M1」と名づけられていた）の設計をおこなった人物である（以下、作中人物としての「堀越二郎」は呼び捨てにし、実在した「堀越二郎氏」には「氏」を付して、両者を区別しよう）。

『風立ちぬ』の堀越二郎は、少年の頃から、ただ「美しい飛行機」を作りたかった。それが彼の人生を衝き動かしていく、ただひとつの夢であり、単純明快な欲望だった。実際に、実在の堀越二郎氏が設計した零戦は、航空史に残る最高の機体として、現在も称賛され続けている。

二郎少年のある日の夢――風が吹く草原で、少年は、尊敬するイタリアの飛行機設計家カプローニと遭遇する。夢の中で少年は「近眼でも飛行機の設計はできますか。僕は近眼で、飛行機の操縦ができません」と悩みをうちあける。これにカプローニは答える。「飛行機は戦争の道具でも商売の手立てでもないのだ。飛行機は美しい夢だ。設計家は夢に形を与えるのだ」

夜の勉強中に居眠りしてしまい、夢から覚めた少年は、傍らで「お床で寝なさい」と優しく微笑む母親に、こう言う。「母さん、僕は飛行機の設計家になります。飛行機は美しい夢だとその方は言いました。僕は、美しい飛行機を作りたい」

とはいえ、戦争の道具であり、人殺しの武器である戦闘機が美しい、とは、どういうことなのか。それは人間にゆるされる欲望であり、夢なのか。そこに二郎を苦しめ、監督の宮崎をも苦しめ続けた問いがある。

『風立ちぬ』の舞台は、関東大震災や世界恐慌に見舞われた失業・貧困の時代であり、さらに満州事変（一九三一年）、日中戦争（一九三七年）、近衛文麿内閣による国家総動員法の制定（一九三八年）、第二次世界大戦の勃発（一九三九年）、真珠湾攻撃（一九四一年）、ミッドウェー海戦（一九四二年）、ガダルカナル島の戦い（同年）、神風特攻隊の出陣（一九四四年）へと至る十五年戦争（アジア太平洋戦争）の時代である。

こうした危機と戦争が打ち続いた時代の空気を吸いこんで、精一杯、全身全霊で生きぬこうとすること。少年時代の夢に没頭し、好きなものだけにこだわって生きたいと願うこと。

戦闘機を作り続けて、結果的に多くの日本の若者や、アジアの民たちを殺してしまった。『風立ちぬ』は、昭和史を駆け抜けた堀越二郎のそんな生き方を、たんに後年の歴史的な判断基準によって裁き、批判しているのではない。かといって、それを手放しで讃美しているのでもない。「彼は戦争屋ではなく、ただの技術者だったのだから、何の罪もない」と免罪するのでもない。

宮崎駿は、作中の堀越二郎を、他者に一切の弁明も説明もせず、後世の歴史の審判に黙って耐え続けた人間として見つめるのであり、さまざまな矛盾をその胸中に平然と同居させた二郎の人生に——あまたの矛盾を抱えつつも、ありのままに平凡な彼の人生に——、ぎりぎりまで、ただ、寄りそっていく。宮崎自身の内なる秘密の欲望を、二郎の内なる沈黙にこすりつけるようにして。

よく見つめてみよう。

二郎の、その、無表情で不気味な、文字通り能面のような顔を。

この男はただ、少年時代に胚胎した夢に、忠実に生きたかった。ただの私的な趣味でも、糊口をしのぐための職業でもなく、この仕事こそがお天道様から授けられたミッションであってくれ、そう祈った。しかし、精一杯生きてみたら、家族を、妻を、祖国を、子どもたちを、手ひどく踏みにじる生き方しかできなかった。なぜだろう。こんなはずではなかったのに。あのときああしていればよかった、という後悔とは少し違う。原罪意識でもない。それはどこか、ぽかんとした、茫然自失の感じだったろう。

人生の夢の終わりは、どうして、こんなにも悲しいのか。

わからない。

その悲しみは、半世紀以上をアニメーション作りに捧げつくした宮崎自身の、正直な気持ちではなかったか。

歴史にその名を燦然と残す戦闘機を作った一部の技術者や、天才的なアニメーション作家に限らない。本当は、平凡な生活者であるわたしたちの誰の中にも、各々の暮らしの必要と必然に応じて、黙って耐え続けるしかない孤独があり、沈黙の重みがある。茫然自失としたその孤独は、ぽかんとしつつ宿命的な「自分」を自覚することであり、誰とも永遠に分かちあえない。最愛の家族や友人とすらも。人生の中で唯一、やっと愛することができた人たちとさえも、それを分かちあえないのだ。

ただしそれは、問いが終わる場所ではない。生きることの虚しさ、容赦を知らない歴史の無常を、ただ詠嘆し、悲観して、立ち止まることを、人はゆるされていない。ただ、そんな悲しみと沈黙の底こそが、少なくとも、『風立ちぬ』について何かを考え、何かを書くための、はじまりの場所になるべきだろう、と思えた。何もかもそこからだ、と思われた。

歴史の息吹を生々しく甦らせる

宮崎は、『風立ちぬ』という作品によって、生々しく動いていく歴史というものの姿を、持てる技術と思想を惜しみなく使って、一篇の総合芸術として描きつくそうとした。『風立ちぬ』のモチーフ——それは、日本というこの国の歴史そのものの生々しい息吹を、目の前に甦らせることにあった。

どうやって。

宮崎は『風立ちぬ』の中で、堀越二郎というひとりの人間の生涯に寄りそい、共に歩き続けることによって、この国の歴史が持ちえた可能性を、ぎりぎりのところまで引き出そうとした。

そもそも、アニメーション（animation）という言葉には、活発、元気溌剌、生気・活気を与える、などの意味がある。一度死んだ命は二度と戻らない。過ぎ去ったものは永遠に還らない。わたしたちは普段そう考えている。甦ってくるのは、失われた物事たちの記憶だけであり、可能であるのは再現だけだ、と。

しかし、本当にそうか。

歴史の美しさを描くとは、歴史の一部を抽象的な情報や記録の断片として切り取り、それを再構成することではない。唯一の真理としての「正しい歴史」を捏造することでもない。あるひとりの人間が、試行と錯誤によって刻んだ人生の道——他にありえなかった、必然的でどうしようもない道——

をたどり直し、その足取りに寄りそっていくことによって、ようやく我々の眼前に生々しく浮かびあがってくる、そうした歴史の息吹があり、命がある。『風立ちぬ』がアニメーションとして試みたのは、そういうことだった。

我々を深く魅了し、かつ突き放す歴史の生きた姿とは、どんなものか。

このわたしもまた、堀越二郎というひとりの人間の隣に立って、歴史の側から吹きつける強風にさらされながら、そう問うてみよう。

ひとりの人間が、度重なる戦争や破局の中にあった昭和の歴史を、どうやって生きぬこうとしたのかを。その人が、どんなふうに仕事に身を捧げ、全身全霊で生き、愛する人のそばで生きようとしたのかを。

*

『風立ちぬ』に対しては、左派からも右派からも厳しい批判があった。ほかならぬ、その歴史の描き方（宮崎が作中で何を描き、何を描かなかったか）に対して。

『風立ちぬ』の歴史の描き方の特徴は、愛する者の死を、そのものとして決して正面からは描かなかった、という点にある。

すなわちこの作品は、二郎の妻の菜穂子が結核で苦しんで死んでいく姿を描かなかったし、あるいは、第二次世界大戦で零戦に乗った若者たちが戦死していく姿（あるいは敵兵を殺していく姿）をも直接には描かなかった。明らかに意図的に、それらの身近な死や暴力を正面から見つめることを避けて通ったのである。

関東大震災の日に二郎と出会い、軽井沢で再会を果たし、やがて婚約した菜穂子は、結核の治療に専念するために、雪山の高原病院（モデルは堀辰雄が婚約者と一緒に入院した信州の富士見高原療養所。宮崎駿の義理の父親が建てた山小屋がそのすぐそばにあった）に入院していた。しかしある日、二郎から「今日は会えなくなった」という連絡が入ると、菜穂子は病院をぬけだし、東京の二郎に会いに来る。この瞬間、二人は、互いの情熱と狂気を分かちあい、互いの命を滅ぼしあっていくことをゆるしあったのであり、それが彼らのありふれた愛の形となった。

二人は、上司である黒川に、家の離れに二人で住まわせてほしいと懇願する。「私たちには時間がありません。覚悟しています」。黒川とその夫人が仲人になって、二人はその夜、ささやかな結婚式を挙げる。

新婚生活がはじまって間もなく、二郎が担当した新しい飛行機、昭和九年式試作（九試単座戦闘機）が完成する。が、その完成の日の朝、菜穂子は夫に知らせることなく、ひとりサナトリウムに戻る。それを知った黒川夫人は「美しいところだけを見せようとしたのね」と呟く――こうした菜穂子の生き方は、そのまま、映画『風立ちぬ』の全体が守り抜こうとした態度でもあった。

けれどもそれは、生々しい具体的な歴史の描き方として、どうなのだろうか。当然そのような疑問が湧き上がるだろう。

一方で、右派的な人々は、『風立ちぬ』は日本の戦争責任を批判的にあつかったものであり、いわゆる自虐史観に基づく映画である、として批判した。

他方で、左派的な人々は、零戦を設計した堀越二郎氏を主人公のモデルとした『風立ちぬ』を、戦争を美化するもの、アジア諸国に対する侵略の加害者としての歴史的責任を避けて通ろうとするものとして批判した。実際に、隣国の韓国のメディアでは、『風立ちぬ』は日帝時代を賛美した右翼映画として批判され、上映拒否を呼びかける運動もあった。

しかし、立ち止まって、もう少し見つめてみよう。

宮崎は、映画内の堀越二郎の人生をことさら断罪もしないが、かならずしも手放しで肯定しているわけでもない。歴史の中で、他にどうしようもなかった生の現実として、ただそれは美しい、美しかった、と言っている。正しかったのか、間違いだったのか。そこに真実があったのか、すべては欺瞞だったのか。そうした善悪や真偽の二元的な判断をおのずから超えていくものとして、ある具体的な個人の人生は、そのままに美しい、そして無数の人々の人生が寄り集まった真偽や善悪のパッチワークとしての歴史もまた、ただありのままに美しい、わたしたちの身勝手な肯定や否定によっては歴史の肌に傷ひとつ付けられない、そういうふうに言っている。

それは、いわゆる歴史修正主義（右派的歴史像）ではないが、たんなる懺悔的で「自虐的」な歴史観（左派的歴史像）でもないだろう。

文芸批評家の小林秀雄は、「解釈を拒絶して動じないものだけが美しい」と書いた（「無常という事」）。むしろ、わたしたちの小癪で小利口な解釈を拒絶して、永遠に動じないものの美しさ、そんな美しさの中にこそ歴史がある、と。重要なのは、小林がそうした歴史の美について書いたのは、まさに、現実の堀越二郎氏らが設計した戦闘機が飛び交う戦争の渦中においてだった、という事実である。

小林は、一九四二年（昭和一七年）元日の朝、新聞を手にし、帝国海軍による真珠湾爆撃を写した写真から眼を逸らすことができなくなる。帝国海軍は前年の一二月八日に、アメリカ海軍の拠点であるハワイ諸島のオアフ島南岸、ホノルル北西の真珠湾（パールハーバー）の軍港を爆撃していた。これによって太平洋戦争の火蓋が切られる。小林は、そんな新聞の写真を通して、残酷な歴史の真実を見つめんとした。

小林は、写真を前に、想像の翼をひろげて、そこに自らの人生をも重ねて、高揚にも似た自由の手触りを感じとっていく。

爆撃の瞬間、空は美しく晴れ、眼下にはひろびろと海が輝いていただろう。漁船が行く。藍色の海の面に、白い水脈を引いて。そういう光景は「爆撃機上の勇士達の眼にも美しいと映らなかった筈はあるまい」。

> いや、雑念邪念を拭い去った彼等の心には、あるが儘の光や海の姿は、沁み付く様に美しく映ったに相違ない。彼等は、恐らく生涯それを忘れる事が出来まい。そんな風に想像する事が、何故だか僕には楽しかった。太陽は輝やき、海は青い、いつもそうだ、戦の時も平和の時も、そう念ずる様に思い、それが強く思索している事の様に思われた。（「戦争と平和」『小林秀雄全作品』一四巻、一三二頁）

小林は、兵士たちの眼差しに自らの眼差しを重ねた上で、さらにそれを、写真や映画のような「カメラの眼」へと重ねていく。そして戦場の渦中に、「戦争と平和とは同じものだ」という、怜悧に冴え返った「恐ろしい思想」を見出していく。実際に、天から見れば、静かに海をゆく漁船はもはや、魚雷と見分けがつかないだろう。そこでは、限りない平和と限りない殺戮が、奇妙に共存していくに違いない。

歴史のありのままの美しさとは、一般に想像されるような通常の美しさとは根本的に食い違うもの、ずれていくものであり、人々を慰めたり癒したりするものではなく、あるいは美の名のもとに民族や国家の成員を結びつけるものでもなく、心底怖ろしいもの、わたしたちに苦しく孤独な沈黙を——そしてそのことのひそかな喜びや楽しみをも——強いるものだったのではないか。

小林の言葉とともに、そんな風に思ってみて、ぞっとする。

では、『風立ちぬ』が迫っていく歴史の真実の姿は、どんなものだったのか。

*

『風立ちぬ』が露わにしていく歴史の美しさもまた、我々が普通に考えるような意味での美しさとは根本的に異なるものであり、真偽や善悪がまだら模様になったタペストリーのようなものだろう。

そもそも、監督の宮崎駿にとって、アニメーションという芸術の使命とは、〈自然は美しい〉という真実に向けて、観客たちの日常的な五感を覚醒させていくことにあった。自然に対する、ある種の単純明快な信仰心を、我々の中に生き生きと甦らせ、気づかしめていくことだった。

たとえば、映画版『風の谷のナウシカ』（一九八四年）の冒頭に描かれる腐海の姿、一〇〇〇年後の未来の自然の姿は、ナウシカの眼には「きれい」なのだが、その美しさは、普通の人間の感性からみれば決して美しくも「きれい」でもない。事実そこは、「マスクをしなければ五分で肺が腐ってしまう死の森」なのだ。しかし、もしも我々が「人間的」な感性をいったん捨て去って、ただ虚心に、無心に眼を凝らしてみれば、それはやはり、不気味でありつつも、途方もなく美しく崇高ですらある風景だろう。おそらく、そうした意味でナウシカは腐海の森を「きれい」と言ったのであり、そこには、感性的な恐怖や気持ち悪さをいちど通過した先にあらわれる、高次元の、過剰で非人間的な美――つまり、崇高さとしての美――の形があった。

哲学者のカントは、美しいものが平穏な感情を人に与えるのに対し、崇高なものは不定形なもの、美の調和を過剰するものであり、むしろ恐怖や不快を強いる、と分析した（『判断力批判』）。つまり、崇高なものの美しさを感じとるとは、普通の意味では不快なもの、怖いものの中に、新次元の美を見出していくことなのだ。それは我々の美的な感覚の幅を拡張し、多重化していくことを意味するのである。

たんに花や木や森ばかりが美しいのではない。鉄やセラミックや毒や廃棄物や放射性物質をも内包していく、重層的で異種混交的な生態系として、この〈自然〉は存在しているのであり、それらもまた、圧倒的に美しいのだ。

そんなふうに覚醒した眼差しによって、我々の身のまわりのこの世界を見つめ直してみたなら、どうなるだろうか。

人間の日々の歴史的な歩みもまた、大いなるもの、おそるべきものとしての自然の一部であり、そこでは、人工と天然、生と死、必然と偶然とが分かちがたく絡みあって、形も規模も不明のままの、永遠に未完のモザイク模様のようなものを織り成しているのかもしれない。

堀越二郎も、わたしたちも、自分たちの力で、意志や努力によって、この歴史を形づくっているのではない。自由に何かを為したつもりが、何かに強いられていた。そこに呆然とした空白があり、得体の知れない歴史の威力がある。我々は日々の仕事や暮らしを通して、歴史の具体的な血や肉をつくり、養っていくのだが、それは決して思い通りにそうできるわけではないのだ。ただ、そんな自然としての歴史こそが、崇高なまでに美しいのであり、つねに未知の新鮮な美を産み出していく歴史は、ありふれた自然として、我々の日常生活のすぐ隣に在るのである。

自画像としてのアニメーション――『紅の豚』から『風立ちぬ』へ

しかも、宮崎駿にとって、アニメーションを作り続けることは、この国の「戦争と平和」をめぐる戦後的な矛盾を丸ごと引き受け、問い直していくことだった。つまり、自然の美や崇高をめぐる問題は、そのまま、戦後史における平和の問題とも絡みあっていくものだった。

それは逆にいえば、この世界の平和のために具体的に役立たないような芸術的な表現は、何かが決定的に足りない、ということを意味する。

宮崎は、最後の作品としての『風立ちぬ』の中で、歴史的な美のあり方を描くことによって、この国の戦後的平和の臨界点としての倫理的なもののヴィジョンをも――幼年期の夢のようなヴィジョンとして――示そうとしていたはずである。

そのことを考えるために、宮崎自身の過去の作品と比較してみよう。

宮崎駿は、長編作品からの引退作としての『風立ちぬ』において、あらためて「自画像」を描こうとした。そうした試みは、一九九二年に公開された『紅の豚』以来二一年ぶりのことであり、宮崎にとって二度目の挑戦になる。

二一年前の『紅の豚』は、どんな物語だったのか。

賞金稼ぎの飛行艇乗りポルコ・ロッソは、奇妙な呪いによって、顔が人間ではなく豚になっている。豚の顔の主人公を描くことは、宮崎にとって、醜い俗人であり、汚い大人である自分に向きあうことを意味した。

そして第一次大戦後のイタリアを舞台に、賞金やお宝という男のロマンを追い求めるポルコと空賊たちのドタバタの戦いは、そのまま、宮崎やスタジオジブリを取り巻く日本のアニメ業界のドタバタとしても描かれていた。つまり『紅の豚』は、映画の中身（ポルコたちの物語）とジブリの現在（宮崎たちの物語）を重ねて描く、というメタ構造を持っていた。

そこには、ポルコにとってのぎりぎりのプライドとダンディズムがある。ポルコは決して戦争にコミットしないいし、空軍の誘いにも乗らないからである。大人になっても、できるだけ自由に、朝も夜も遊ぶように生きようとする。「カッコイイとは、こういうことさ」。ポルコはいわば「良心的兵役拒否」を貫き続けているのだ（秋元大輔『ジブリアニメから学ぶ　宮崎駿の平和論』）。

こうした『紅の豚』の自画像の描き方には、宮崎の複雑な本音が吐露されている。ポルコは、できるだけ現実的・政治的なしがらみから自由でありたい。ファシズムや戦争だけではない。不毛な政治的対立にもハリウッドの映画資本にも加担せず、できるだけ自由に、滑稽に遊び続けたい。それは、さまざまな資本やスポンサーや「国民作家」の看板を背負わねばアニメ映画を作り続けられない、という宮崎自身の苦しい現実そのものだったはずだ。

だから、遊べ。できるだけ自由に遊べ。『紅の豚』は「自分」について語り、さらにメタ構造としてアニメ業界の現実についても語りながら、虚実皮膜のゾーンで、アニメーションという芸術そのものと戯れていく、そうしたひとつの実験になった。

ただし、宮崎自身のその後の発言によれば、遊びによって現実の歴史に向きあうというやり方は、まだ不十分なやり方だった。

のちに宮崎は、『紅の豚』を作ったことは「恥ずかしいこと」だと自己批判している。なぜなら、アニメ映画を（子どものためではなく）「自分のため」に作ってしまったからだ、と。

しかし、それだけではなく、芸術的な美による平和のヴィジョン――戦後の矛盾を内側からねじ切っていく絶対平和の夢――を、十分に描ききれなかったこともまた、宮崎が「恥ずかしいこと」という言葉で率直な無念と後悔を漏らした要因だったのではないか。

宮崎にとっては、アニメを見せて子どもたちから金銭をまきあげること、夢を語りながら魂を奪っていくことこそが、最悪の暴力を意味した。『紅の豚』の躓きは、おそらく、そこにあった。自己言及的なメタ構造ゆえに、問いは足元にするどく切り返された。ぎりぎりのところでつかんだ、この遊びという自由は、本当に自由なのか。この国の、この世界の平和を維持し、平和の内実をさらに底上げしていくための美的な表現たりえているのか。

たんなる遊びとしての楽しさの表現を超えて、真の意味で平和的な美を表現するとは、どういうことか。アニメーションの美によってのみ可能な道で、この国の戦後的な平和に貢献するとは、荒唐無稽な戯言にすぎないのか。

それは空想的で、馬鹿げた願いにしか聞こえないかもしれないが、この国の戦後史の申し子としての宮崎駿という人間の中には、ずっと、そうした欲望があり、夢があり続けてきたのである。

宮崎駿における「父」の問題

『紅の豚』が「遊び」という武器によって現実に向きあい、この国の歴史に向きあおうとしたとすれば、『風立ちぬ』は、美（夢）によって歴史に向きあおうとしたのだ、とも言える。

わたしは、かつて『宮崎駿論――神々と子どもたちの物語』（NHK出版、二〇一四年）という本を書いた時点では、『風立ちぬ』に対し根本的に批判的な感想を持っていた。二郎は、飛行機と少女の中に、ただ美しいものだけを見ようとする。しかしそれは結局、見たいものだけしか見ないことではないか。そこでは、我々の喜びや悲しみを突き放し、容赦なく押し潰していくような歴史の怖ろしさが、あらかじめ見失われてしまっている。

しかし今は、『風立ちぬ』のことをそうやって安易に批判してしまった自分を恥ずかしく思っている。

真偽や善悪が入り混じった現実の中から単色の美を、恣意的な美を取り出そうとすること（自分が見たいものだけを見ようとすること）と、取り返せない歴史の重みの中に、のっぴきならない美しさ、つねに新鮮な美しさを、受動的な無力さにおいて見せられてしまうということは、微妙に異なる経験ではないか。

大事なのは、『風立ちぬ』の主人公像には、零戦を設計した実在の堀越二郎氏のみならず、さまざまな人間たちの像が重ねあわせられていること、宮崎自身の言葉でいえば「混ざってきて、わけわからなくなってきて」いたことだろう。

そこには、少なくとも、以下のような人間像が投げ込まれている。

（1）技術者の堀越二郎氏。
（2）文学者の堀辰雄。
（3）戦中に飛行機工場（宮崎航空機製作所）で儲けた宮崎駿の父親・勝次。
（4）アニメーターとしての宮崎駿自身。

堀越二郎氏と堀辰雄は、ほぼ同年代の人間である。堀越氏は一九〇三年に生まれ、堀はその翌年の一九〇四年に生まれた。宮崎の父親の勝次は一九一四年の生まれであり、二人より一〇歳ほど年下である。しかし宮崎は、そうした年齢差にはあまりこだわらず、堀越氏や堀辰雄の人生のあり方に、父親的なもののイメージを強く深く、重ねようとした。

宮崎にとって、父親とはどんな存在だったのだろう。

宮崎駿の父親である勝次は、一九一四年、宮崎富次郎の三男四女の次男として、のちの震災記念堂

（東京都慰霊堂）の裏側の、墨田区亀沢町で生まれた。戦争中に軍需工場（零戦の部品製造もしていた）をフル回転させ、その時期にいちばん儲けた。戦後もそのことを反省せず、恥じることもなかった。天下国家や大局観とはまるで無縁の人だった。ただ、自分の家族を大事にしようとした。そういう人だったという。

宮崎の中には、そんな父親に対する反発や嫌悪があり、また親しみや感謝の気持ちもあったようである。

たとえば宮崎は、二〇一三年に刊行された、作家・ジャーナリストの半藤一利との対談本の中で「若いときは、衝突やらなにやらいろいろありましたけど、このごろようやく、やっぱり親父を好きだな、と思うようになりました」と言っている（『腰ぬけ愛国談義』八九頁）。

注意しよう、これは三〇歳や四〇歳の人間の発言ではない。七二歳になって「このごろようやく」である。それほど根深い感情のねじれがあったのだ。

父親に対する思いを投影することで、はじめて宮崎は、『風立ちぬ』の二郎という人間を描きつくせたのであり、それによってやっと、自らの人生（自画像）をもしっかりと抱きしめ、受けとめられた。『風立ちぬ』にはそんな複雑な手続きがあったのだ。

そして宮崎は、父との関係性を通して、この国の昭和史の姿をも――戦前・戦中と戦後の歴史を、その分断を消し去ることなく、折り重ねるようにして――生々しく描こうとしたのだった。

重要なのは、宮崎がここで、歴史に名前を残すような天才や特別な人間ではなく、ごく普通の市井の民としての、ありふれた父親の人生を、戦後史の申し子としての宮崎自身の自画像へと重ねあわせていったことだ。いや、重ねあわせたというよりも、深く、強く、しかし繊細に雑ぜあわせたことによって、主人公の二郎の造形には、立体的な厚みが生まれ、またあるいは、謎めいた沈黙の重みが熟成的に宿されていったのである。

宮崎が生まれる前、一九三七年にはじまった日中戦争のとき、父親は一度、一兵卒として徴兵されている。そのときのことを、父親は、息子に次のように物語ったという。部隊が中国へ行く直前、部隊長は、兵士たちに訓示を述べた。そのとき、宮崎の父親はただひとり、「女房と赤ん坊〔駿の兄のこと〕をおいては征けません。残らせて下さい」と申し出た。彼を可愛がっていた軍曹は、情けない、と二時間ばかりも泣いた。いつ殴られるかと思いながら、直立不動で、軍曹が泣くのをじっと聞いていた、と。

どこまでが本当の話であるのかはわからない。親父の虚飾や虚構が混じっているのかもしれない。そこまでいかずとも、ところどころ大げさに物語っていたのではないか。宮崎は苦笑を交えて、そう述べている。しかし、いずれにせよ、宮崎の父親は、情けない決断をすることによって戦地へと行かずに済んだのであり、戦死を免れた。そのおかげで、一九四一年に、息子である駿はこの世界に生まれることができたのである。

このあたりについても、感謝とも嫌悪とも悔恨ともつかないような、微妙な味わいの感情が、宮崎の口調の中にはわだかまっている。

『風立ちぬ』の二郎という人物には、さまざまな宿命的な人生の重みが、重層的に混在していた。次の箇所をよく読んでほしい。「ぼくは堀辰雄と堀越二郎と自分の父親を混ぜて映画の堀越二郎をつ

くってしまいました。もうどのへんが境かわからなくなっています」（『腰ぬけ愛国談義』一三八頁）
「いずれにしても、堀越二郎の評伝をつくったってしようがないと思った。それで堀辰雄なんです。そこに親父まで混ざってきて、わけわからなくなってきて（笑）」（同一六五頁）

のみならず、「混ぜて」「わけわからなくなっ」た堀越二郎という人物像を造形することによって、『風立ちぬ』という作品の中では、戦争と平和と愛と虚構とが雑じりあっていったのだ。

ところで、堀越二郎はわかるが、なぜ、堀辰雄だったのか。

調べてみても、これがよくわからない。

たとえば半藤一利との対談で、宮崎は、なぜ堀辰雄がモデルなのか、と半藤から尋ねられても、いっこうに要領を得ない返答をくりかえすばかりで、結核という病や義父の山小屋からの連想のためなのか、堀辰雄の存在が何となく自分の父親の像と重なっていった、と語っているだけだ。

どこか煙にまかれているようであり、とりつくしまもない感じがする。

しかし、宮崎の言葉を熟読しているうちに、案外、この「わからなさ」こそが大事なのではないか、という気がしてきた。

宮崎の中になんらかの秘密があるのではない。むしろ、宮崎は、堀越や父親の心の中の「わからなさ」を、そのわからなさのままに尊重し、嚙みしめ、反芻し、自分の中で醱酵させてみたのではないか。

というのは、ひとりの人間の人生においては――そして人間たちの無数のパッチワーク的な交錯としての歴史においては――、そうした沈黙の奥底に秘められたわからなさこそが、決定的に大事なものなのだから。

宮崎は、意外なことに、堀辰雄のみならず、実在の堀越二郎氏のことすら、どこか冷淡に突き放している。「ただ、堀越二郎のことを描かないと、かつてのこの国のおかしさは出てこない。そう考えたんです。けっきょく堀越二郎という人の正体はつかめませんでした。まあ、つかむ必要もないとも思った。ですから、出身地がわかっても調べに行かない。その風景は見に行かない。もう見ない、聞かないって、あるとき決めました」（同前一六四頁）

これは、いささか驚くべき告白に思える。『風立ちぬ』という最後の長編作品が完成した後にもなお、「堀越二郎という人の正体はつかめませんでした」と、宮崎はさばさばと言うのだ。しかも「まあ、つかむ必要もないとも思った」という、ほとんど冷淡な距離感において。

これは逆かもしれない。確かに宮崎駿は『風立ちぬ』で、堀越二郎という人間に寄りそった。しかし、ひとりの他者の人生に寄りそっていくとは、他人の内面や心のすべてを限なく理解したり、手放しで共感したり、没入することではないのだろう。その人に無限に魅惑されながら、そのときにこそ、根本的なわからなさへと突き当たり、かつ、そのわからなさへと丸ごと寄りそっていくことなのだろう。その人の清濁や美醜も飲みこんで。わからなさを、ただ、わからなさのままに。しかも、そんな「わからない」という悲しみによって、逆にこちら側からその人を深く強く突き放し返すことで、こちら側の秘めたる愛の形を示していくこと。そんな試行と錯誤によって、歴史の中で、他者の命と混ざっていく、雑じりあっていく、ということ。

政治思想史家の橋川文三は、「歴史意識」という独特な感覚について、次のように論じている（「歴史意識の問題」）。一般の歴史学においては、ロゴスとしての歴史（歴史の法則）、もしくは、存在としての歴史（歴史の事実）が研究の対象となる。前者はたとえばマルクス主義の歴史観であり、後者はランケなどの実証主義的な歴史学である。しかし、歴史意識とは、そのいずれでもない。歴史意識とは、歴史の中を生きる「個体」に対する徹底的なこだわりのことなのだ。

日本ではじめて歴史意識の問題を切り拓いたのは小林秀雄だ、と橋川は言う。マルクス主義的な法則的歴史観との対決を通して、小林は、日本的な歴史意識の手触りを見出した。ただし、小林の古典文学を通した歴史論には、微妙な両義性があった。確かに小林は、歴史を生きる個体の感覚をつかんでいた。取り替えのきかない個体の痛みや悲しみを通して、歴史に対する意識を開いた。しかしそれは同時に、どこまでも美意識にこだわることによって「歴史いじり」のお遊びにおちいるという危うさをもともなっていた。

ならば、『風立ちぬ』にとって歴史意識とは何か。

『風立ちぬ』が行き着いた歴史意識

わたしもまた、現在という歴史の片隅で、ふと、立ち止まる。

この人生とは別の人生も、わたしにはありえたのかもしれない（可能性）。しかし、やはり、それはこのようなものでしかありえなかった（必然性）。そんな可能性と必然性が雑じりあっていくゾーンに唯一無二の現実性があり、みすぼらしく無力な現実の姿がある。うまく言葉にできず、沈黙にとどまれもしない、鬱然とした悲しみがある。

全力を尽くした後は、ただ、天（偶然）の采配にすべてを委ねるしかない。後からどんなに責められ、他人から批判されようが、あるいは逆に見当違いの称賛を浴びようが、黙って耐え続けるしかない。きっと、そんな悲しみの中にこそ人生の重みがあり、歴史の重みがある。あの零戦たちの残骸のように、それらが無数の墓標として積み重なり、廃墟になって、我々の歴史は日々更新されてきた。人気のない森の奥で、木の葉や枯れ枝がしんしんと降り積もって腐葉土となり腐熟していくように。そこに、自然としての非情な歴史の姿があるのだろう。

それはとても切なく、悲しいことに思えた。

でも、どうにもならないのだ。誰もが、そんな悲哀の底で、何かにじっと黙って耐えてきたのだから。

もしかしたら、そうした悲しみの果てでこそ、人生に対する感謝が開けてくるのかもしれない。悲しみの雨の後に、そこらじゅうに湧き出る雑草のような感謝の思いがあるのかもしれない。『風立ちぬ』のラスト、世を去った菜穂子の亡霊の前に、ただ呆然と草原に立ちつくす二郎の姿は、そんなことを感じさせる。

光り輝く草原を、風が吹き抜ける。

――と、菜穂子の姿はすでに、そこにはない。

草原に残された日傘だけが、そこに揺れている。

カプローニが言う。「行ってしまったな。美しい風のような人だ」

二郎はただ、自分の命よりも真剣に愛したかった菜穂子の魂に手向けて——そしてこの世界で出会えたすべてのものたちに手向けるかのように——、感謝の言葉を口にするしかない。ありがとう、ありがとう……。

そんな感謝において、必然的な人生と歴史の重みを全身で感じ取ること、それを全霊で受け止めるとは、どういうことだろう。雑草としての感謝の中では、「人生をやり直したい」という気持ちが次第に霧散し、溶けて消えていく。取り返しのつかない宿命的な悲しみが、そのまま感謝と喜びの夕べストリーになっていく。そんな最果ての歴史の地点があるのだろうか。

＊

零戦にとってのはじめての戦闘任務は、一九四〇年八月一九日の重慶爆撃であり、陸軍の九六式陸上攻撃機の護衛飛行だったという（前掲『ジブリアニメから学ぶ　宮崎駿の平和論』参照）。航続力のある零戦は、その後、四川省の成都まで長距離飛行し、主要航空基地を攻撃した。中国戦線において、零戦は、着実に制空権を確保した。勢いづいた日本軍は、零戦によって制空権を支配するという戦略のもと、中国大陸の一部を占領し、アジアにおけるイギリスの要塞とも称されたシンガポールをも陥落させる。さらにパプアニューギニア、ソロモン諸島、オーストラリアへと攻撃を展開していった。

とはいえ、こうした日本の優位は長くは続かなかった。日本軍は、一九四二年六月のミッドウェー海戦で主導権を失うと、ガダルカナル島の戦い（一九四二年八月七日〜四三年二月七日）でも連合国軍に敗れ、戦況は確実に不利になっていく。

そうした状況を打開するために、日本は一九四四年一〇月二一日、フィリピンのレイテ島での戦いに向けて、最初の神風特攻隊を組織する。青森県の三沢基地では、最速の零戦（三菱A6M8）が作られていたが、これは大量生産に間に合わず、また後継機にあたる烈風（三菱A7M。堀越二郎氏の設計）の開発と大量生産にも失敗。アジア太平洋戦争の後半において、日本の零戦はもはや制空権を支配することはできなかった。軍事マニアでもある宮崎は、もちろん、こうした歴史的な事実をよく知っていた。

『風立ちぬ』冒頭の少年時代の夢に出てくる草原、尊敬するイタリアの飛行機設計家カプローニとはじめて出会う草原は、完全なフィクションであるそうだが、物語の終わりに出てくる草原には具体的なモデルがある。それはなんと、ノモンハンのホロンバイル草原だという（『腰ぬけ愛国談義』一八三頁）。

ホロンバイル草原は、モンゴルと旧満州国の国境にあり、一九三九年（昭和一四年）夏のノモンハン事件の際に、日本陸軍がソ連軍と戦った戦場である。

確かに宮崎は、『風立ちぬ』では戦場の殺戮や死の光景を直接的には描かなかった。しかし、『風立ちぬ』の最後にホロンバイルをモデルとする草原を描写したことには、宮崎らしい象徴的な意味があった。宮崎自身はノモンハンの現地へ直接行ったことはなく、映画内に出てくるのは「想像で描いたホロンバイル」でしかないものの、宮崎は、日本とアジアの陰惨な歴史を踏まえた上で、『風立ちぬ』では人が死ぬような戦闘の場面はあえて描かなかった、と言っていたのである。そのことはおそらく、堀越二郎氏への評価の揺れ動きとかかわる。

それをつくるところは映画に入れました。でも、それが活躍するところはまったく描かなかったです。というのは、堀越さんのつくったその飛行機はすべて中国大陸で活躍している。（中略）ですが、中国大陸の上で空中戦をやって戦果を上げた、などというような映画はぜったいにつくりたくないですからね。でも、あの人は戦闘機をつくりたいんじゃなくて、飛行機をつくりたかった人だ、ということは確信しています。結局あの時代、いちばん優秀な技術者は戦闘機にまわされましたから。（『腰ぬけ愛国談義』六三頁）

堀越さんは、太平洋戦争がはじまったときには病気で寝ているんです。そのときに軍部から、零戦の翼を短くしてくれっていう要望が出て、それを、本庄さんが容れて翼の先を真っ直ぐに切っちゃったんですよ。（中略）ところが、昭和十七年八月からはじまったガダルカナル島の争奪戦では、航続距離が足りなくなるから、また翼を伸ばせという話になった。堀越さんがそのときに復帰して、また戻したんですよ。そしてガダルカナルでは零戦の被害がみるみる増えて、かなりの死者を出しますよね。（同六四〜六五頁）

そもそも、先ほどもふれたように、宮崎の父親は日中戦争のときに一度、兵隊に取られていた。そんな家族の歴史を背負ってきた宮崎が、アジアと戦争の問題をたんにスルーしていたとは、やはりどうしても考えにくい。

おそらく『風立ちぬ』は、加害や戦争責任の描写をたんに避けているのではない。事後的な立場から加害を反省し、過ちを批判してみせるだけでは、何かがどうしても足りない、そう感じられていたのだ。

宮崎はだから、自分が生きた戦後の昭和史と、父親や堀越氏や堀辰雄が生きた戦前・戦中の昭和史をぶつけあい、それらを異質なままに雑ぜあわせて、自分の口と鼻でじかに戦中の危機的な空気を吸い込むようにして、『風立ちぬ』という最後のアニメーション映画を作ろうとした。自国の戦争と加害の歴史を批評するために、自らが産み落とされ、育てられ、生かされた土壌自体を掘り返しながら、内在的な検証を試みた。

そこではもはや、この自分が単純な被害者なのか加害者なのか、わからない。すべてが偶然とも必然とも割りきれない。たんなる歴史の賛美にも反省にも逃げこめない。そうした歴史の流れとうねりそのものを、彼らの隣で、自分の足で歩いてみたら、それは、美しい、としか言いようがなかった。

そうした人生と歴史の美しさとは、ここでもまた、感傷的な自己肯定や免罪をゆるすようなものではない。我々の感傷を非情に突き放し、容赦なく流転し続けていく、不気味でおそるべきものであり、それが、宮崎にとって、ありのままの自然としての歴史の崇高さだった。

歴史とは他者と混ざりあっていくことである

『風立ちぬ』の最後のシーンでは、もともと、死んだ菜穂子が二郎に対し「来て……来て……」と呼びかけるはずだった。つまり、今は亡き妻の声が、黄泉の国へ、幽世の世界へと導いているのだった。

ところが宮崎は、製作の最終段階のぎりぎりのところで、シナリオの「来て……来て……」にバツをつけ、それを「生きて……生きて……」と書き替えた。

これは、それまでの物語の流れからの根本的な転回であり、二郎の人生の回心を意味した。

プロデューサーの鈴木敏夫は、最後の場面では、本当は、菜穂子のみならず二郎もカプローニもすでに死んでいたのであり、宮崎が製作の最終段階でそれを根本的にひっくり返したことは、『風立ちぬ』のそれまでの物語の必然的な流れを断ち切るものであり、それについては後々まで、どちらがよかったのかと本当に悩み続けた、と証言している（『風に吹かれて』）。

そのことは、監督である宮崎自身にとっても、驚くべき転回であり、予想もしない逆転だったのではないか。だがそれは、ひとりの人間が死の側から生の側へと向き直した、生きることへ向けて再生した、というような単純な話とも異なる。

二郎のあの無表情な顔を、ここでも、何度でも見つめよう。容赦なく生々流転していく歴史の無常は、精一杯生きようとすればするほど、我々を無限に甘美な死（来て、来て）の側へと誘惑していく。

この地球上には悲しみばかりが増えていく。だが、もしもそんな歴史の無常と非情を、無心に、虚心に受け止めるならば、このわたしの孤独な悲しみさえもが、わたしひとりで所有できるものではなく、自分ひとりで抱え込むことをゆるされたものでもない、と気づくだろう。我々のなけなしの夢すらも、誰かの人生の美しさと雑ぜあわされ、醱酵し続けてきたものだった、と。

わたしたちの夢もまた変わり続けていく、変わっていかざるをえない。歴史とは、積み重なっていくことであり、他なる誰かと雑ざりあっていくことだ。

この感覚を大胆につかんだところに、きっと、『風立ちぬ』という作品の美しい魅力があり、その秘密がある。

やや図式的に言えば、こうなる。小林秀雄の戦時下の古典論が、美を「解釈しえないもの」として絶対化したとすれば、戦後に日本的な浪曼主義者たちを内在的に批判した橋川文三は、「解釈しえないもの」としての美を、歴史的な観点から相対化した。これに対し、宮崎駿の『風立ちぬ』は、小林的な美と橋川的な歴史性のいずれでもなく、いわば歴史としての美を、積み重なっていくこと、他なるものと雑ざりあっていく過程の中に見出そうとしたのである。

そもそも宮崎駿は、三〇歳前後の時期に、植物学者の中尾佐助や文化人類学者の佐々木高明が唱えた「照葉樹林文化論」（照葉樹林が広がる日本西南部から台湾、華南、ブータン、ヒマラヤまでの地域に、共通の農耕や文化が成り立っていたのではないかという学説）によって眼をひらかれ、狭小な「日本人」の価値観に対する閉塞感から脱した。そのことによって、いわば、雑ざりあっていく雑種としてのアジア人の歴史的な広がりへと、自らの美的感性や自然観を基礎づけ直したのである。

そうしたアジア的な感覚へと全身を解き放ったところから、『風の谷のナウシカ』『天空の城ラピュタ』『となりのトトロ』などの初期の豊饒な作品群が生み出された。たとえば『となりのトトロ』のあの昭和三〇年代的な田舎の自然もまた、じつは「日本的」であると同時に「アジア的」なものでもあった。宮崎の出発点にあった、そうしたアジア的で雑種的な美の感覚が、人生上の重大な折り返し点となった『もののけ姫』や『千と千尋の神隠し』を経て、『風立ちぬ』へと流れ込んできたのである。

雑種的に混じりあっていく、他なるものと雑ざり続けていくというアジア的な美の感覚。

こんなことを考える。多くの場合、わたしたちの思い出の中では、過ぎ去ったものたちの記憶は、何もかもが美しく感じられる。過去の至福を小さな慰みとして、大切に温め、それを必死に思い出そうとする。しかし、過去の経験を我々は、自在に思い出せるのではない。統御できない得体の知れない力によって、過去を思い出すように、我々は強いられている。

実際、二郎少年は、幼年期の純粋無垢な夢をすら、カプローニと分かちあうことによって、はじめて我がものにできたのであり、さらに少年は、たった今、受胎したばかりの夢を、微笑する母親に対しても、隠微な親密さの中で分けあおうとしたのだ。

そして、宮崎が亡き父親を生き生きと思い出し、父親の像を愛し直すためには、おそらく、堀越二郎氏、堀辰雄、実父、宮崎自身の自画像などを混ぜ込みながら、父親の顔を思い出してみるということ、否、むしろ、生前よりもさらにはっきりと、父親の顔を思い出すことを強いられていくという経験が必要だったのだろう。

夢のような思い出の美しさですら、私たちの身体の調子や感情の起伏に応じて、無限に変化し、目の前の他者や自然によって触発されたり、それらと雑ざったり、腐ったり、熟成したりして、たえまなく変化し続けていく。現在と過去、経験と記憶が雑ざって変化していくこと、それがそのまま、たんに情報を記憶するのではなく、わたしたちが何かを思い出すことの意味なのだ。

のみならず、宮崎や二郎にとって、他者の顔をありありと思い出すということは、ふたたびそのまま、失った他者への永遠の悲しみをすら無限に喜びへと変えていくこと、それを通して、世界に対する感謝へと覚醒していくことだった。

小林秀雄は、人類の歴史の核心には、二度と取り返しがつかないものへの悲しみの感情がある、と考えた。しかも、たとえば、我が子を失った母親のような深い悲しみがある、と。

子供が死んだという歴史上の一事件の掛替えの無さを、母親に保証するものは、彼女の悲しみの他はあるまい。どの様な場合でも、人間の理智は、物事の掛替えの無さというものに就いては、為す処を知らないからである。悲しみが深まれば深まるほど、子供の顔は明らかに見えて来る、恐らく生きていた時よりも明らかに。愛児のささやかな遺品を前にして、母親の心に、この時何事が起るかを仔細に考えれば、そういう日常の経験の裡に、歴史に関する僕等の根本の智慧を読み取るだろう。それは歴史事実に関する根本の認識というよりも寧ろ根本の技術だ。(『ドストエフスキイの生活』「序(歴史について)」)

悲しみの果てで、死んだ者、消えた者たちの顔はますます美しく、はっきりと見えてくるのであり、それはある意味で、きっとそれだけが、死んだ子どもをもう一度この世に「蘇生」させるという意味にほかならない。小林はそのように、歴史意識の真理をわしづかみにしたのだった。

無論、結核で最愛の妻を亡くし、戦闘機の開発で祖国の若い同朋たち（そして敵国の人々）の命を踏みにじってしまった二郎には、そうした歴史感覚は、誰よりも切実にわかるものだっただろう。

映画の最後、二郎はすでに、生きていても、死んでいても、同じだっただろう。死ぬこともできず、本当に生きることもできない。天国でも地獄でもない、熱くも冷たくもない、ぬるま湯の煉獄の中で生き永らえるしかない。悲しみの果てとは、慟哭も鬼哭もできず、こんなにも音もなく、声もなく、花は香らず、風の味もなく、味気のないものか。死にたいという欲望すら消えていく、透明で穏やかな境地なのか。しかし――。

しかし、そんな悲しみの平原ですら、何事かを命じる声がある。

どうか、生きて、と。

どんなに死にたくても、精一杯働き、別の誰かを誠実に愛し、最善を尽くして生きてください、どうか、その悲しみの果てから、何度でも新しく生き直して、と。なかば幻聴のような、不気味な亡霊の声がある。

わたしたちはきっと、自分でも知らない自分の未知の美しさを、過ぎ去って消えていった死者たちとともに分かちあうのであり、彼らの隣で、己の美しさを、互いの記憶を雑ぜあわせつつ、共に思い出すのかもしれない。

二郎にとって、生きることはすでに、どんなに虚勢を張り、痛々しく元気を装っても、緩慢な自殺と見分けがつかなかった。宮崎も、映画の結末を、そうした甘美な死の渦として、二郎や菜穂子、カプローニや零戦の若者たちが溶けあっていく天国＝地獄的な場面として準備していた。しかし、そんな自己破壊的な衝動を、何度でも「生きて、生きて」という勇気へと変えていく場所、それが、『風立ちぬ』が最後に切り拓いた、現実とも虚構ともつかない、どこでもない夢の場所としての、風の草原だった。

二郎の微笑と共に、何度でも思い出すだろう。歴史というものは、夢と呪いと愛と暴力が雑ざりあっていくその果てに、つねに新生としての「はじまり」へと無限に開かれているのか。この世界からいなくなった愛する人の顔を、わたしたちがありありと思い出してみるとは、取り返しのつかない後悔と痛みの中でこそ、喜びと感謝を思い出すことだろうか。この永遠的な悲しみによってこそ、人は、誰かをもう一度はじめから愛し直せるのだろうか。

宮崎駿のアジア(主義)的な命脈

『風立ちぬ』の夢の草原は、アジア的な場所だった。そこはノモンハンのホロンバイル草原であり、二郎が死んだ妻の菜穂子と出会い直し、カプローニと再会し、零戦に乗った若い死者たちと挨拶を交わす場所だった。

光る草原と、白い雲と、突き抜けるような青い空のイメージ――。

かつての『紅の豚』の中にも、似たような場所が描かれていた。雲の上の、ポルコが無数の死者たちと遭遇する、この世とあの世のはざまのような場所。あの場所もやはり、空の上ではあるが、草原であり、平原だった。それは宮崎にとって、人類の歴史がゆきつく最果ての場所のイメージなのかもしれない。

しかし、『紅の豚』の雲の平原はひとつのファンタジーであり、アジア的な大地に十分に根差してはいなかった。青空と白い雲の輝きは、凛と張りつめた物悲しさをたたえてはいたが、どこか、中身のない空っぽな美しさ、ファンタジーとしての悲しみにとどまっていた。『風立ちぬ』のアジア的な草原は、それをアジア的な自然に力強く根差すものとして、新しく描き直してみせた。

それだけではない。

小林秀雄は、母親の精子を、第二次世界大戦終戦の翌年、一九四六年の五月二七日に失っている。母は六六歳だった。小林は、母を亡くした数日後の夜に、ろうそくを切らして外に買いに出たとき、「おっかさんという蛍」がそこに飛んでいるのを経験したという。小林がそれを「或る童話的経験」と名づけたのは有名な話だが(『感想』)、じつは宮崎駿も、小林のそれと似たような経験をしていた。大泉実成のノンフィクション『宮崎駿の原点――母と子の物語』のインタビューの中に紹介されたエピソードであるが、それもまた「或る童話的経験」としか呼びようがない奇妙なものであり、以前からその話が妙に気にかかっていた。

宮崎は、死んだはずの母親が、中国の地で、ある中国人の赤ん坊として輪廻転生し、生まれかわっているのに出会った、というのである。

宮崎の母の美子は、息子のかかわった映画をかならず映画館へ観に行ったというが、『風の谷のナウシカ』を製作中の一九八三年に亡くなっている。宮崎駿が力のすべてを注ぎ、本当の出発点となった作品を、母親は観ることがなかった。それは息子にとって悔やみきれぬ痛恨であり、深甚な悲しみだったろう。

宮崎は『風の谷のナウシカ』が公開された一九八四年の秋に、そんな母の喪失という傷跡が治りきらず、いまだ生々しく血を流している中で、中国へと旅に出ている。

中国のなんてことのない場所にいて、母親が小さな女の子を抱いて歩いてるのに出会ったんですよ。ところがその女の子の顔を見たとき、僕は〝あっ、おふくろだ〟と思ったんです。おふくろが、こんな所に生まれかわっている、よかったな、って。

もちろん何の根拠もありませんよ。でもそのとき僕はそう確信したんです。

そういう心の動きが、一応近代的なやり方でやっていこうと思っている自分のなかに入っている、っていうのがね。でもあのときは本当に〝よかったな〟と思ったんですよ。(『宮崎駿の原点』一〇頁)

これだけの話である。

前後の詳しい経緯はわからない。インタビュアーの大泉も、それ以上追及していない。ほかの宮崎の書き物やインタビューなどを読んでみても、わたしの知る限り、これに類する話はどこにも出てこない。大泉の前で一度だけ、何気なく気をゆるして、ふと漏らしてしまった。そんな小さな、秘密の「童話的経験」だったのかもしれない。

小林秀雄は、鎌倉の扇ヶ谷の自宅前で「おっかさんという蛍」に遭遇している。小林のこの経験は、いわゆる祖霊信仰のような近さ、親密さを感じさせる。これに対し、宮崎は日本国内ではなく、旅先でふと訪れた中国の「なんてことのない場所」で、母親に抱かれた小さな中国人の赤ん坊の中に「おふくろが、こんな所に生まれかわっている、よかったな」という「確信」を受け取ったのだ。

宮崎にとっての魂の根拠地が、明らかに日本的なものに見えつつ、その先で、もっと広大なアジアの大地と大気の中に根差している、と感じさせ、わたしには、それこそ「よかった」という爽快な感動があった。

それは、『風立ちぬ』の最後に、二郎が死んだ菜穂子と再会する場所、人々の「魂」がやがて行き着く場所が、いかにも「日本らしい」自然の風景というよりは、日本でも東アジアでも中央アジアでも、どこでも構わないような、あるいはどこでもない場所(ユートピア)でもあるような、そうした複雑な、不思議な意味において〈アジア的〉な草原であることとも、きっと、無関係ではないのだろう。

すべてが新しくはじまる場所へ還る

最後にもう一度、『風立ちぬ』という、宮崎駿が「最後」のつもりで完成させた作品が、物語の

「最後」に行き着いたところに眼をこらそう。耳をすませてみよう。

人生は夢のように過ぎていく。

才能も努力も、何にもならなかった。後世のために、花の種や贈りものを遺せなかった。二郎と菜穂子のあいだには、宮崎アニメの中ではじめてとなる性愛があったが、ついに子どもは産まれなかった。あの、命の喜びそのものとしての、自然の中で蹴つまずき、跳ね飛びまわる子どもたちの姿は、そこにはなかった。二郎はある夜に、幼い少女にお菓子のシベリアと共に手を差し伸べたが、その子は二郎の手を冷然と無視して、夜の闇へと消えたのだった。

仏教では慈悲と言うが、人は、濁世の無常と悲しみの果てに、ただ「ひとり」で立つことを強いられるからこそ、万事を慈しみの対象として見つめざるをえないのか。二郎の微笑の中では、人も花も風も等しく、感謝の光に照らされている。望んで他者や自然に感謝するのではない。無限に降り注ぐ感謝の光の中で、人も花も風も等しく慈しんでいるそのときに、この一回限りの人生を、この上なく悲しいと感ずるのであり、それがそのまま、八百万の神々の微笑としての感謝の光によって生かされてしまっている、そういうことなのかもしれない。

今や、彼の不格好な分厚い眼鏡の先で、日常のあらゆるものたちが、幼年期の夢のように美しく輝き、微妙に歪みながらも、別れの挨拶を送って小さく手を振っている。最後の別れとは、そのまま、初々しい出会いの挨拶なのか。若いころ二郎は、無数の人々の命を無慈悲に奪った震災の日に、混雑した電車の中で、風に舞う菜穂子の白い帽子をふとつかんだのだが、あの白い帽子は、すでに、永遠に過ぎ去る死の爽やかな匂いを放ってはいなかったか。

あの青い空も、草々も、陽も風も、このわたしをこの場に置き去りにし、取り残していく。何もかもが無常に流転し消え去っていく。だがそれは、悲しみの詠嘆ではない。悲しみの先にある最果ての地で、この世界全体が奏でる無限の喜び、永遠のざわめきに、黙って、耳を聾されながら、なおも耳をすませることだ。美しさと呪いが等しくなり、本物と偽物の区別がなくなり、最善も最悪も等しくその命を祝い、寿ぐ。空は踊り、雲は沸き立ち、草草は舞っている。おのずと頬をこぼれる彼の涙は、哀悼の滴なのか、歓喜の泉なのか。二郎ばかりか、宮崎駿にすら、それはもうわからない、どうでもいいことだった。そんな風に思って、このわたしもまた、夢のようなアジアの輝く平原に、じっと立ちつくしてみる。

風が吹き抜けるアジア的な草原として『風立ちぬ』が描いた場所。歴史の中に不意に出現するエアポケットのような場所。そんな場所こそがおそらく、宮崎がかろうじて夢見えたアジア的な平和の場所、絶対平和のユートピア（夢）なのであり、その場所では、死んでいく者たち、「死にたい」と言葉にできないほど死にたがっている者たちが、何度も何度も、感謝としての生の側へと送り返されていく。

……だが、ここまで書いてみても、わたしには正直、『風立ちぬ』という作品が、まだよくわかっていない。

宮崎駿という人間が、最後に、長編引退作として、この一篇の不気味かつ美しい詩のような作品を遺そうとしたこと。その意味を、いまだにはかりかねている。うまく腑に落ちないもの、消化して吸収するのがむつかしいものがある。このわたしにとって、自分の父親という身近な肉親の存在が、今なおフシギな謎であり続けているように。

その不可解な巨石のような謎を前にして、何かを考え、何かを思ってみるために、ここまで『風立ちぬ』についてのひとつの試論、エッセイを書き続けてきたのだが、最後に来て謎は一層研ぎすまされ、深まってしまったように思う。

きっと、はじまりの場所に戻ってきたのだ。

だが、それでいいのだろう。観念すべきなのだろう。

宮崎にとっても、主人公の二郎という存在は、最後までわからなさの中にとどまり続けたのであり、映画の中の彼らは、今もまだ、正体不明の、不気味な、よくわからない人間として、アジア的な風の中に佇み続けている。

参考文献・資料

宮崎駿『スタジオジブリ絵コンテ全集（19）風立ちぬ』徳間書店、二〇一三年
スタジオジブリ編『ジブリの教科書（18）風立ちぬ』文春文庫、二〇一八年

半藤一利・宮崎駿『半藤一利と宮崎駿の腰ぬけ愛国談義』文春文庫、二〇一三年
秋元大輔『ジブリアニメから学ぶ　宮崎駿の平和論』小学館新書、二〇一四年
大泉実成『宮崎駿の原点――母と子の物語』潮出版社、二〇〇二年
カント、イマヌエル『判断力批判』岩波文庫、一九六四年
小林秀雄『小林秀雄全作品（11）ドストエフスキイの生活』新潮社、二〇〇三年
小林秀雄『小林秀雄全作品（14）無常という事』新潮社、二〇〇三年
鈴木敏夫『風に吹かれて』中央公論新社、二〇一三年
橋川文三『橋川文三著作集（4）歴史意識の問題・歴史と世代』筑摩書房、二〇〇一年

III オトナコドモたちの成熟と喪失

庵野秀明／新海誠／細田守

大人として、君たちはどう生きるか

この部では、「宮崎駿の子どもたち」と呼びうる三人のアニメーション作家の近年の長編作品について論じる。すなわち、庵野秀明『シン・エヴァンゲリオン劇場版:||』（二〇二一年三月公開、以下『シン・エヴァンゲリオン』と記す）、新海誠『天気の子』（二〇一九年七月公開）、細田守『バケモノの子』（二〇一五年七月公開）および『未来のミライ』（二〇一八年七月公開）について。

わたしは以下で、第II部までの『耳をすませば』『もののけ姫』『風立ちぬ』についての問いを引き継ぎながら、すでに古びたと思われているひとつの問題について考えていこうと思う。それは戦後の「成熟と喪失」をめぐる問題である。この国のオタク的な男性たち（オールドボーイズ、オトナコドモたち）はいかにして大人になれるのか。大人たちはどう生きるか。そうした素朴な、クラシックとも言える問いである。

「はじめに」の内容とも重複するが、あらためて確認しよう。

オタク的な精神の特徴は、成熟の不能にあると言われる。たとえば大塚英志は、マンガの神様こと手塚治虫の『鉄腕アトム』の中に、ロボットであるがゆえに肉体的に成長しえないというジレンマを見出し、それが戦後日本の成熟不可能性を象徴する、と述べている（『アトムの命題』）。そしてそれは、断片的な記号やコマの組み合わせによって有機的な生命（アニマ）の次元を表現するという、マンガ／アニメーションの欲望とも関連する。

実際、わたしたちが四〇代、五〇代になってもこうした問いに向き合わざるをえないということは、きわめてグロテスクなことに思える。情けなく、恥ずかしいと感じる。

いつまでも大人になれないオトナコドモ(オールドボーイ)たち。未成熟な「おじさん」としてのオタク男性たち。それは、近年あらためて強く批判される中高年男性たちの無自覚な「男性特権」の問題ともかかわるだろう(もちろん、一口にオタクと言っても、女性オタクや「腐女子」など、異性愛者の男性には限られない振れ幅があるわけだが、ここではあくまでも「男」の問題点を内側から批評的に論じる、という姿勢にこだわりたい)。

成熟を忌避し、主体的な責任や負担を受け止めずに、それを女性(母=妻)や未来世代の子どもたちへと無限に押しつけてしまうこと。仕事や趣味に没入し、社会問題に関心を持たないという享楽的なシニシズム。ジェンダー不平等を維持強化するミソジニー(女性憎悪)。たとえ心理的には己を無力で不幸に感じるとしても、そこには「おじさん」たちの無自覚な特権と構造的な暴力があり、男性たちの感覚的な「古さ=変われなさ」の問題がある。

ただし、逆にいえば、だからこそ「宮崎駿の子どもたち」と呼ぶべき中高年男性のアニメ作家たちは、古びたかに思える現代的な「成熟と喪失」の主題をきわめて切実に引き受け、真剣に悪戦苦闘している、ということなのかもしれない(宮崎が「大人はどう生きるか」を描いた『風立ちぬ』の主人公の声優に庵野を選んだことには、象徴的な意味があるように思える)。

最先端のテクノロジーを用いて映像表現を更新しつつ、それと同時に、自分(たち)の感性としての「古さ」と対決するということ。少年少女たちを主役とすることによって、作り手としての実年齢はすでに中年だとしても、「内なる子ども」（インナーチャイルド）の感覚を忘れないでいること。新しい技術と古びていく感性、少年性と中年性の生々しい葛藤を生きること。今必要なのは、おそらく「古くて新しい問題」ではなく、「古いがゆえに厄介な問題」なのではないか。

自分たちの枯死していく感覚を、社会的現実に対していかに開いていくか。それは美的感性の問題であると同時に、倫理的な責任の問題でもある。この国では手塚治虫、高畑勲、宮崎駿、富野由悠季、押井守など、アニメーション作家たちがさまざまな社会問題に物申す「思想家」であることを期待され、なかば義務づけられてきたのは、ゆえのないことではないのだろう。

以下でわたしは新海、庵野、細野らの作品に対して、ゆきすぎた批判をくわえているように見えるかもしれない。しかし、わたしが見つめたいのは、彼らが作品の中で展開していく中高年男性vs内なる少年性の対決であり、成熟しきれない戦後的なオトナコドモ（オタク的男性）であらざるをえず、あるいは「弱い父」「恥ずかしい父」でありつつも、なんらかの大人としての行動と責任へと踏み出そうとしていく、彼らのそのぎりぎりの暗中模索である——たとえそれに失敗し、感性的倫理的に不十分な男性像しかいまだ示せていないにしても、その試行錯誤には重要な意味があるのではないか。

この国の戦後のオールドボーイたちにとって、成熟とは何か。

大人としての君たちはどう生きるか。

庵野、新海、細田の作品をめぐって、そのことを論じてみたい。

では、はじめよう。

『シン・エヴァンゲリオン』とゲンドウの問題

『シン・エヴァンゲリオン』を劇場へ観に行く前に、わたしが考えていたのは、ループでも並行世界でも続編でもぶん投げでもなく、物語の「終わり」を見せてほしい、ということだった。作中の大人たちの行動と責任を、そして庵野監督の成熟と喪失を見てみたかった。何より、作中のシンジ、レイ、アスカら子どもたちを解放してあげてほしかった。それに比べれば、作品として成功か失敗かは二の次ではないか。そう思えていた。

二〇二一年三月八日、公開初日の朝、劇場で『シン・エヴァンゲリオン』を観終えたとき、こう感じた。わたしの杞憂はくだらなかった。礼儀を失していた。庵野監督は、可能なすべてに決着をつけていた。己の過剰な実存的欲望の表現ではなく、成熟の道を選んでいた。これまでの『エヴァンゲリオン』シリーズの物語に、登場人物たちの人生の行く末に、それ自体がディープインパクトとしてあった一九九〇年代後半の「エヴァ現象」に、きっちりと決着をつけていた。呪縛を解き放ち、弔い、自己埋葬すること。ごくまっとうな断念。これでいいんだと思った。きっとこれでいいんだ——。

ところが、それから数日経つと、次第に違和感がきざしてきた。呪いが解けた、青春が終わった、ありがとう……等々と、わたしたちは悠長に感動している場合なのだろうか？　ずっと「ガキ」のままの「男」だった「我々」は、今さら成熟とか、弔いとか、母殺しとか、この二〇年、三〇年のあいだ、いったい何をやってきたんだ？　それ自体が恥ずかしくはないのか？　そうした羞恥心がだんだんと強まってきたのである。

もちろん、そうした批判の集中砲火をくらって火だるまになることも、庵野監督はわかりきっていたはずだ。それでもあえて、これをやらざるをえなかったのだろう。しかしやはり、これは出発点であり、到達点とは言えないのではないか。そう思えてしまった。

作中では人類補完計画は断念され、人類はシンギュラーな「個」に還る。確かにそれは祝福されるべき事態だ。しかし本当は、そこから、現実の社会的困難がはじまるはずである。主人公の碇シンジの父親、碇ゲンドウが象徴するような大人の「男」たちは、たとえば目の前の貧困と経済格差、気候危機、ジェンダー不公正などに対峙しなければならなくなるはずである（新海誠が『天気の子』でそれらの社会的な主題に向き合ったように）。だとすれば、やはり感謝したり感動したりしている場合ではない。

わたしは以下、ゲンドウの存在を中心として『シン・エヴァンゲリオン』を論じていく。無数の人物や謎がダイアグラム的に交錯するこの作品の全体像を、わたしのような限定的な視点から十全にとらえられるとは思わない。しかし、こうした限定的視点から見えてくる問題点もまたあり、その問題点を回避して『エヴァンゲリオン』シリーズ全体を評価することもまた不可能ではないか、と思われる。

＊

単純な点だが、次のことを確認しておこう。わたしは以前から『エヴァンゲリオン』シリーズの中心には、息子のシンジよりも父親のゲンドウがいる、と考えてきた（たとえば拙著『戦争と虚構』参照）。

『エヴァンゲリオン』の世界では、基本的に、大人たちが十分に責任を取らず、子どもたちに負担を押しつけ、利己的な陰謀に走り、代理戦争を戦わせているのであり、だからこそ、この世界の社会的な根本問題が永遠に解決しない。もちろん作中の設定がそれを強いているわけだが、それにしても、大人たちにはやれることがもっとあったはずだろう。その点をずっと、もどかしく感じてきた。

ゲンドウは、職場（組織）のネルフでは厳格かつ冷徹に行動し、シンジやレイを道具のようにあつかったり、あるいは愛人の心身を搾取したりと、身勝手な大人にみえる。重要なのは、エヴァに乗るチルドレンの条件は「母親を喪失した一四歳の子ども」とされていたが、誰よりもメンタル的に「チルドレン」（ガキ）であるのは、ゲンドウにほかならなかった、という事実だ。身のまわりの女性や子どもたちに強権的に負担を押しつけ、最前線で戦わせながら、己は身勝手なロマン（母子密着的なユートピアの再生）を夢見ているからだ。

ゲンドウの究極の「願い」は、ゼーレの人類補完計画を利用して、かつて実験の失敗で死んだユイ（妻であり代理母でもある女性）を復活させ、一体化することにあった。妻＝母なしには生きられず、社会的な他者たちとろくにコミュニケーションもとれないこと、それがゲンドウの根本的な「弱さ」だった。それはよくある未熟で利己的な母胎回帰願望と見分けがつかない。

わたしは拙著『非モテの品格——男にとって「弱さ」とは何か』で、男の弱さとは、自分の弱さを認められないという弱さである、と論じたことがある。その意味では、ゲンドウという男は、たとえ妻子がいても、愛人がいても、組織運営の才覚があったとしても、マインド的には非モテ的な欠如感を抱えた男性の典型であり、よくいる日本の「おじさん」のひとりなのである。

その点も含めて、『シン・エヴァンゲリオン』『天気の子』『バケモノの子』『未来のミライ』等の近年のアニメーション作品を前にして、わたしが何度か思い出していたのは、戦後日本を代表する保守的な文芸批評家、江藤淳の有名な長編評論『成熟と喪失――〝母〟の崩壊――』（一九六七年）のことだった。これは江藤の著作の中でももっとも有名なもののひとつであり、また戦後日本の成熟論としても代表的な著作である。

『成熟と喪失』は、熟読していけば、かなり複雑で難解なところのある本なのだが、ひとまずここでは単純化しよう――『成熟と喪失』の根本主題は、「弱い男（息子）がいかに成熟して父になるか」ということであり、しかも息子は「病み狂い死んでいく妻（母）」を看護・ケアする主体としてある。しかし妻（母）のことを助けられず、己の限界と無力を味わわされる。そればかりか、無意識のうちに妻（母）を殺してしまった自分、罪悪感を背負った加害主体（悪）としての自分に直面していく。

その場合、本来であれば少年（青年）にとって大人への成熟のモデルとなるべき父親は、息子以上に「弱い父」（ダメな父）、あるいは「恥ずかしい父」なのであって、息子が成熟するためのモデルになりえないし、エディプス神話にあるような象徴的な父殺しによって乗り越えるべき対象にさえなりえない。

それゆえ、『成熟と喪失』の男性主体（息子）たちにとっては、父との葛藤や父殺しの主題よりも、肥大化する母（妻、女性）との密着的関係のほうが厄介な問題となり、そこから身を引き離し、アイデンティティを模索していかねばならない。とはいえ、母（妻）もまた象徴的な母殺しの対象にはならない。なぜなら、母は「おのずから」狂い、病み、死んでいく（ように感じられる）からだ。息子たちは、無力なまま罪悪感に耐え続ける……（『エヴァンゲリオン』シリーズでいえば、シンジがいかに父＝ゲンドウと対決し乗り越えるかよりも、ゲンドウという「弱い父」が、いかに死んだ妻＝母から解き放たれるか、のほうが問題としては大きかった）。

言うまでもなく、女性たちがそもそも戦後日本のイエの中で「妻」や「母」の役割を強いられて、社会的制度的な要因ではなく、あたかも「自然に」（おのずから）狂い、病み、死んでいかざるをえないように思いこまされていく過程——それ自体が戦後日本の構造的な家父長制的権力と言える。そうした権力のおそろしさに対して江藤がどこまで自覚的だったのかは微妙だが、ひとまず重要なのは、江藤がたとえ無意識の次元であれ、そうした己の「男」としての暴力性と格闘し続けてはいた、という点だ。こうした意識と無意識のはざまでの格闘は宮崎駿の中にもあり、あるいは庵野・新海・細田の中にも見られる。

『成熟と喪失』は、安岡章太郎、小島信夫、遠藤周作、吉行淳之介、庄野潤三など、戦後のいわゆる「第三の新人」の文学者たちを主に論じているのだが、江藤によれば、「第三の新人」とは「中学生的な感受性」（中二病！）を武器にして文壇的出発を遂げた作家たちであり、彼らの小説世界とは「子供」でありつづけることに決めた「大人」の世界」（オトナコドモの世界）であり、「どこかに母親との結びつきをかくしている」。これはまさに「母性のディストピア」（宇野常寛）としての『エヴアンゲリオン』の物語設定を思わせる。

たとえば、二〇一〇年代のこの国の政治を象徴する疑似カリスマとしての安倍晋三なども、典型的な「成熟と喪失」のジレンマを抱えたオトナコドモであり、戦後的なオタク男性の似姿というか、まさにゲンドウのような男に見えてくる。安倍晋三・昭恵夫婦の奇妙な関係性、あるいは安倍昭恵のスピリチュアルな狂気を見ると、『エヴァンゲリオン』的な母＝妻の不気味さ、そして『成熟と喪失』的な「病み、狂っていく妻＝母」のイメージがどうしてもそこに重なってくる。

そこには依然として「戦後」的な「日本人」の「男」たちの欲望や想像力を拘束する、なんらかの「原型」がある。巨大な権力をもった政治家に限らない。この国の家や職場や組織、あらゆる場所に小さなゲンドウたちが存在する。

社会変革的な女性としての葛城ミサト

シリーズの真の主人公と言うべきゲンドウは、『シン・エヴァンゲリオン』に至って、息子であるシンジとの対話によって、ついに自分の（男としての）弱さを認める。そして妻＝母との一体化という夢を断念する。それは祝福すべきことではある。しかし考えてみれば、五〇年以上も前の『成熟と喪失』の分析が、かなりの程度ゲンドウに当てはまってしまうということ、男たちはその事実にまず慄然とすべきではないか。これほどまでに「変わらなさ」あるいは「変われなさ」がコンティニューされ続けてきた、という事実に。

その点で注目すべきなのは、「新劇場版」のもうひとりの主人公と言っていい、葛城ミサトの苦闘と成長だろう。

シンジの世話役でもある年上女性のミサトは、彼女自身の屈折的な父娘関係(研究一途で家族を蔑ろにした父親が、セカンドインパクトの際に自分を守って死んだために、ミサトは父親に対する複雑な愛憎やトラウマを有している)もあり、テレビ版や旧劇場版の『エヴァンゲリオン』の物語では、シンジの幼稚さと共鳴するような未成熟さを見せていた。それゆえシンジに対するミサトは、上司的な面、姉的な面、母親的な面、恋人的な面など、不安定に揺れ動く多面性を見せることになった。

『シン・エヴァンゲリオン』を観に行く前に「新劇場版」の『序』『破』『Q』の三作を観返して、次のようなことを思った。『エヴァンゲリオン』のテレビ版のラストは、カルト宗教あるいは自己啓発セミナーのような演出のために「洗脳エンディング」とも通称される。しかし、そもそも『エヴァンゲリオン』シリーズのはじまりの光景は「洗脳スタート」と呼ぶべきものだった。シンジは、知らない場所に連れてこられ、状況について詳しく説明されないまま、命令を断りにくい包囲網をつくられ、まわりの大人たちから責められ、逃げてはダメだと言われ、混乱したままエヴァに搭乗することを決断させ﹅ら﹅れ﹅る﹅……。

大人たちはちゃんと事前に説明するべきだった。自分を捨てた父親と対面して混乱している子どもの決断に、社会的に重要なミッションの成否を委ねるような状況をつくってはならなかった。そういう身もふたもないようなことを、まず素朴に感じた。

そうした中で、「新劇場版」でもっとも、大人としての責任をまっとうしようと努力しているのがミサトである。ミサトはシンジに対して、仕事の意味をちゃんと説明し、ケアし、労《ねぎら》おうとする。一四歳の少年の決断に過度な責任を求めない。

シンジの意志を尊重し、批判すべき点は批判し、その上で仕事の仲間として信頼してもいく。それはたとえば「新劇場版」の『序』のクライマックスの「ヤシマ作戦」で、ミサトが「シンジ君を信じる」と言うのみならず「初号機パイロットを信じます」と言うところなどに、象徴的に示されている。

そして『破』では、非情な作戦によってアスカが重傷を負い、エヴァに乗ることをボイコットしたシンジに対し、ミサトは「仕事から逃げるな」とも言わず、説得もせずに、ただ、隣で手を取って一緒に笑ってほしい、ということを望むのである（ここは「新劇場版」全体でも屈指の重要なシーンだと思う）。

そして『シン・エヴァンゲリオン』に至ってミサトは、自らの未熟さを完全に払拭し（依然として愛する者たちへの不器用さは見られるが）、大人としての責任を生真面目なまでに果たそうとした。

ミサトには、ニアサードインパクトを阻止するために犠牲となった加持リョウジとのあいだに、すでに一四歳の息子（息子の名前もリョウジ）がいて、シングルマザーになっていたことが判明する。しかし、我が子には一生会わないと決めており、反ネルフ組織ヴィレの「希望の船」「神殺しの力」ことヴンダーの艦長として、ゲンドウらの人類補完計画を食い止めようとする。そうした難しい立場にありつつも、一貫してシンジを大事に想い、尊重していたこと（『Q』の冷淡な態度にも一定の理由づけがされる）が明らかになる。

では結局、ミサトは出産して母親になったから成熟したということか。母は強し、ということか。

それは『シン・エヴァンゲリオン』全体の主題である母殺し（母との別れ）と矛盾するように見える。しかし、そうではないだろう。

ミサトの生き方が示すのは、すべての息子たちを融和的に包み込むような母性主義的なもの（『元始、女性は太陽であった』の平塚らいてう、アナキスト女性として母系制を研究した高群逸枝に象徴されるような）ではないだろう。かといって、リベラルフェミニズム的な完全な個人主義とも微妙に異なるように見える。

おそらくミサトは、母性主義的で融和的な母親でもなく、ネオリベラリズム的（ポストフェミニズム的）な職業軍人的女性でもなく、仕事仲間を信頼し、人類の知恵と意志を信じ、神頼みをせず、子どもたち（息子とシンジ）のことを未来を担うべき「個」として愛そうとする。そして、未来世代が存続しうるための持続可能な環境をつくりだそうとする。いわばソーシャルな「母」である。ミサトの成熟が示すのは、母性神話とは無縁な、個人主義的な「母」であり、あるいは社会変革的な「母」の力だろう（付け加えておけば、ミサトに匹敵する社会変革的な女性としては、天皇殺し＝大逆によってタタラ場を真に自立的な多文化共生のコミュニティへと変革しようとする『もののけ姫』のエボシ――彼女は母ではないが――のことが思い出される。エボシについては本書第I部を参照）。

このことは、被災者や難民たちが寄り集まったコミュニティとしての「第三村」――東日本大震災の後の「災害ユートピア」（レベッカ・ソルニット）のイメージ――に、妊娠した人間の女性や猫たちが目立って多い、という点にもかかわるだろう。あるいは、いつのまにか増殖していた元実験動物の温泉ペンギンたち……。

もちろん、ここで描かれる「第三村」のイメージには、中途半端な形での保守的な共同体主義（あるいはカルト宗教的なコミューンやヤマギシ会的なもの？）に後退する危うさもみられるわけだが（これはたとえば、近年の細田守の作品が、リベラルな個人主義の力を共同体主義や祖先信仰によってしか支えられない、というジレンマにも似ている）、ミサトが示した社会変革的な母としてのあり方には、そうした保守的な共同体主義が理想視する母親像とは別のポテンシャルがあるように思われる。

『シン・エヴァンゲリオン』のパンフレットには、葛城ミサトに息と命を吹き込んできた声優・三石琴乃へのインタビューが掲載されているが、その内容はまさにソーシャル＝社会変革的な「母」として、真に感動的なものである。

たとえば次の言葉――「シンジは幸せですね。子どもの成長において、親ができることは、衣食住の世話くらいで、ほかには何もできないものです。「こういう風に人生を進みなさい」とか「こういう勉強しなさい」なんて親が言ったら必ず反発されて、かえって違う道に行ってしまうこともありますから。子どもを成長させてくれたり、手を差し伸べて上に上げてくれたりするのは、親ではない「他人の大人」だと私は思っているんです。（中略）何かあったら私が責任を取るから好きなように生きろと、笑顔で「いってらっしゃい」と送り出すのはなかなかできないことですね。葛城ミサトという人間を尊敬します」

庵野秀明は新しい男性像を示せたのか

とはいえ問題なのは、『シン・エヴァンゲリオン』では、ゲンドウ／シンジの対決の先に、新たな男性性のイメージを具体的に示せていない、という点にあるのではないか。少なくともミサト／三石的な女性の成熟に匹敵するような男性性のあり方を示せていない。

男たちは、ユイ的な母性のディストピアから解放されるが、その代わりに、ミサトを筆頭とする中年女性たちの強さに結局、責任を代理させてしまった。無意識のうちに、近年のフェミニズムや#MeToo運動に棹差すような形で。実際に、ミサトが息子やシンジの援助を託すのは、長年の女友達でありシスターフッド的な関係にあるリツコなのだ。あるいは、シンジが最後に手を取るのも、ユイの元同僚のマリなのである。

庵野はかつて実写作品『式日』（二〇〇〇年）で、アニメ制作に疲れて田舎に帰った映画監督の男性と、精神を病んだ女性の恋愛を描いていた。主人公の映画監督は、「気が狂うほど人を愛すること」に憧れている。まさにゲンドウがユイを愛したように。

他者を愛することは怖いことであり、重たい責任をともなうことだ。しかし、もしもその責任を喜びに変えられたら、それが過去の未熟な自分を弔うこととなり、この自分の新たな誕生日になるだろう……。映画よりも重要な現実があり、それを思い知った人間だけが、本物の「監督」になれるのである。

わたしは『式日』のこうした感覚には、重要な何かがある、と今でも思う。しかし疑問点もあった。『式日』において母なるものの抑圧と向きあい、母親との別れを決断するのが、なぜ主人公の監督本人ではなく、精神を病んだ女性だったのか。ここでもまた、ゲンドウが子どもたちに代理戦争を強いたように、精神を病んだ女性が監督（男）の代理戦争を戦わされていないか。『シン・エヴァンゲリオン』のゲンドウが己の「男の弱さ」を認めて「解放」されたのは喜ばしいが、結局『エヴァンゲリオン』的な世界の男たちには、この先の未来があるようには思えないのだ。ここが「男」たちの行き止まりであり、あたかも滅びていく種族であるかに見える（その点、「父」としての加持リョウジの生前の行動については、もう少し詳しく知りたかった）。旧世代の「おじさん」たちにできるのは、せいぜい自分（たち）の過去＝古さの弔いや埋葬である、ということなのか。自分の死後も維持され存続していくはずの、この世界に対する社会的な責任を担うことはできない、ということか。

すでに強調したように、わたしの論考は、あくまでもゲンドウを中心とする大人たちのサイドから『シン・エヴァンゲリオン』の決着に疑問を述べたものでしかない。子どもたちの側から見れば――シンジの急激な成長、レイ（仮）の感情の開花、アスカの承認欲求の充足など――、無数の生命の誕生を寿ぎ、農村的自然の豊かさを祝福し、虚構（アニメ）と現実（実写）が一体化したデジタルネイチャー的な未来を肯定する物語として読み解けるかもしれない（藤田直哉『シン・エヴァンゲリオン論』参照）。滅びていく旧世代の「おじさん」たちと、それとは対照的に、手をつないで未来へと駆けていく新世紀の子ども・若者たち。その残酷なまでの対比が鮮やかに描かれているのかもしれない。

しかし、こうした旧世代／新世代の切り分けは、何かをスキップしていないか。「男」たちは、解放されるには早すぎるのではないか。必要なのは、解放を願うより前に、日常的な社会問題と、うんざりするような地道さにおいて戦い続けることではないか。序盤での重度の鬱状態から立ち直った後のシンジは、はっきり言って、『エヴァンゲリオン』シリーズの物語を手っ取り早く完結させるための無敵の狂言回しのようで、人間の成熟や成長にともなう屈託のリアリティを感じなかった。

では、あらためて、大人の男性にとって責任の形とは何か。社会変革的な「男」になるとは。ゲンドウの存在を中心にみるかぎり、『シン・エヴァンゲリオン』は「折り返し点」としての新たな「出発点」（宮崎駿）ではあっても、すべての終わりではありえない。率直にそう思った。

江藤淳とサブカルチャー批評

あらためて出発点に戻ろう。

では、「男」（オトナコドモとしての「おじさん」）たちは、この先をどのように考え、行動していけばいいのか。

戦後日本のサブカルチャーは、純粋に子どものための文化を作れず、大人のための文化も作れず、どちらともいえないオトナコドモ（オタク）たちの文化こそがメインストリームになってきた。そうした集合無意識を積み重ねてきた。それがガラパゴス的ともいわれる極度の洗練とメタ意識を生み出してもきたし、他方では、成熟不能の呪いやさまざまな限界をも形づくってきた。

大塚英志は、江藤淳の批評のあり方の中に、日本におけるもっとも早いサブカルチャー批評（オタク批評）の可能性を見出してきた（『江藤淳とフェミニズム的戦後』二〇〇一年）。それは次のような理由による。

江藤淳は、『昭和の文人』（一九八九年）という著作の中で、文学者の堀辰雄のことを痛烈に批判している。それは堀辰雄が、小説の中で自分の肉親についての記憶を改竄し、「家」と「私」を虚構化（大塚の言葉でいえば「サブカルチャー化」）したからである。宮崎駿はのちに、堀辰雄をモデルのひとりとして『風立ちぬ』という作品を創ったが、堀辰雄はオタク的なもののはるかな先駆的存在なのかもしれない。

堀辰雄は、自分の父が義理の父親であることを知っていた。にもかかわらず、自伝的な小説『幼年時代』の中で、父親をめぐる真実を「知らなかった」ことにした。嘘をついていたのだ。それは創作として許される範囲を逸脱している、と江藤は批判する。「もし仮りにそのような虚構が成立し、文学的にも正当化され得るとすれば、堀辰雄はたちどころに「堀辰雄」以外の何者かに変身して、堀濱之助の子でも上條松吉の子でもなくなり、いわば【任意の父の子】となることができる」（『昭和の文人』二八二頁）。

江藤は、河上徹太郎が「左翼」を指して言った「人情不感症」という言葉を引く。昭和の文人たちは人情不感症なのであり、特にそれが露呈するのは、彼らの「家」と「私」に対する「虚構化」への欲望である。そして日本の「戦後」とは、そうした任意の虚構化が徹底的に進んだ時代ではないか。それが江藤の戦後批判である。「少し大げさにいえば、この問題は、いわば人倫の根本にかかわる大問題」（同二〇三頁）とすら言うのだ。

しかし、逆に言えばそれは、江藤自身の、奇妙な不安の所在を示すものでもあった。というのは、江藤は堀辰雄のいわばオタク性（自己の虚構化、家族の来歴の否認、歴史からの切断）を批判したが、江藤自身もまた、「家」と「私」に対する屈折した虚構性を抱え込んでいたからだ。

編集者時代に自殺直前の江藤から原稿を受け取ったという平山周吉による大部の評伝『江藤淳は甦える』（二〇一九年）は、かなり不穏な本であり、江藤のよく知られた年齢詐称ばかりか、有名な百人町の故郷に関するエピソードの虚構性、あるいは愛妻家の顔の裏にあった「タマキ」という愛人のこと、江藤夫妻の養女になったかもしれない姪を慶子夫人が突然追い出したこと、等々を、綿密な取材や現地調査で明らかにしており、「ごっこ」「フォニイ」を嫌った江藤の人生自体が、ある側面では「ごっこ」であり「フォニイ」だったのではないか、と思えてくる。たんなるスキャンダルの暴露ではない。文人としての江藤淳の根幹にかかわる問題である。

大塚は、江藤が『成熟と喪失』と並行する形で書いた「日本と私」（一九六七年）という生前未刊行・未完結の連作エッセイに注目する。江藤はそこで、驚くべきことに、自分が妻を一度ならず殴っていたこと、「薄黒いあざができ」るほど殴っていたことを告白している。

江藤の『アメリカと私』や「日本と私」の中では、妻が不思議な自然さで身体的な不調をくりかえしていく。『成熟と喪失』では、病み、衰え、死んでいく妻や母たちが主題化されていた。大塚はそこに「緩慢なる殺人」と言える側面があったのではないか、と言う。江藤の妻への愛情を「虚妄だと言うつもりは全くない」が、「けれども江藤の中に自分が今こうなっていることへの理由を妻に見出してしまうという、微かな妻への被害者意識がありはしなかったか。そのことは江藤淳の批評の問題として看過しない方がいいとぼくは考える。その微かな被害者意識を持って自分が妻を傷つけている事実が合理化されている、とさえいえるのだ」（『江藤淳とフェミニズム的戦後』三四－三五頁）。

すなわち、「江藤の「内的現実」と「外的現実」の軋轢を「妻」の身体が一身に引き受けさせられている」(同三六頁)。すると「母の崩壊」とは決して「自己崩壊」ではない。「母の崩壊」という男(オタク)たちの「甘美なロジック」はむしろ、夫から妻への、息子から母への「緩慢なる殺人」を隠蔽するためのレトリックなのかもしれない……。

こうした複雑に捻転した虚構的暴力に対する批評意識を、内側から手探りで言葉にしていったこと――そうした意味で、江藤淳という人は、この国の戦後のサブカルチャー批評の先駆的存在だったのであり、ゆえに「江藤の『成熟と喪失』を、最も早い「おたく」論とさえ見なす」と大塚は述べるのである(一四四頁)。逆にいえば、サブカルチャー批評とは、そうした虚構性と自己欺瞞に対する、身を切るような自己批評でもなければならない。

弱い父の頼りなさ、看護・ケアする息子としての無力さ、無意識のうちに妻や母を虐待してしまう「緩慢な殺人」の怖さ……江藤がそのような加害性と被害者意識、受動と能動が複雑にねじれていく場所から(本人が十分に意識的に自覚しきれない葛藤や抵抗感とともに)戦後的男性の成熟の問題を考えようとしていたこと、少なくともそうした側面があったこと、それらのことを重視しつつ『成熟と喪失』を読み直してみたい。

そしてそれを、現代的なサブカルチャーの批評に再接続してみたい。

『天気の子』にとってセカイ/社会とは何か

以上述べてきたような男性論的／メンズリブ的なサブカルチャー批評のねじれを、わたしたちは、新海誠の『天気の子』の中にも見出すことができるだろう。

『天気の子』が二〇一九年七月一九日に劇場公開されてから二週間ほどあと、わたしは講談社のオンラインメディア『現代ビジネス』で、以下のようなレビューを書いた。それを再掲しよう（記事の公開日は二〇一九年八月九日。本書に採録するにあたり、不要な箇所を削る、文章をわかりやすくする、などの修正をおこなった）。

＊

『天気の子』の舞台は、異常気象によってずっと陰鬱な雨の止まない、東京オリンピック・パラリンピックの翌年の東京である。伊豆諸島の離島・神津島の実家から、なんらかの事情で家出し、新宿でネットカフェ難民となっている高校生の森嶋帆高《ほだか》。母を病気で喪って、弟の凪《なぎ》と二人で安アパートに暮らす天野陽菜《ひな》（天に祈ることで天候を晴れに変える力をもった「一〇〇％の晴れ女」と呼ばれる）。『天気の子』は、この二人のボーイ・ミーツ・ガールの物語である。

身寄りもなく、経済的にも貧窮した彼らは、陽菜の「晴れ女」の力を使って小さなベンチャービジネスをはじめるが、陽菜はその能力の代償として、次第に体が透けていき、この世のものではなくなってしまう。

陽菜という巫女的少女を人柱にして、東京の街にはふたたび晴れ間が戻るが、帆高は、たとえ東京中の人間が不幸になったとしても、陽菜というひとりの少女を救出する、と決意する。それから三年が過ぎ、帆高が一八歳になって高校を卒業する頃になっても、陰惨で憂鬱な雨は降り続き、東京はなかば水没してしまっている。ゆっくりと沈んでいく東京の街は、あたかも、経済的貧困や格差化、少子高齢化によって衰退していく日本社会の未来を象徴するかのようだ。

ひとまず重要なのは、『天気の子』は、日本的アニメの伝統を批判するアニメ、「アニメ化する日本的現実」を批判するアニメである、ということだ。「アニメ化する日本的現実」とは何か。それは、少女＝人柱＝アイドルの犠牲と搾取によって、多数派の「わたしたち」が幸福になり、現実に直面することを回避し、責任回避し続けるようなシステムのことである。たとえば物語の最初のほうに、風俗店の求人宣伝をおこなう「バニラトラック」が印象的に登場する。あるいは陽菜はチンピラに騙されて、新宿の性風俗店で働く寸前までいく。これらは意図的な演出だろう。

『天気の子』において、もうひとつ特徴的なのは、スピリチュアリズムとの親和性である。稲荷神社や龍神系の神道的なスピリチュアリズムを、オカルト雑誌『月刊ムー』をステップボードにして楽天的に肯定してしまう『天気の子』には、オウム真理教などのカルト宗教の危険性に敏感だったかつての時代的空気を吹き飛ばすような、あるいは「日本会議」的な歴史の神話化とも共振するような、危ういものがあるようにもみえる。国家も社会も信用できない現代日本人においては、『ムー』的なフェイクなオカルトや偽史的想像力で構わないから、スピリチュアルな癒しが必要なのだ、と。

とはいえ、『天気の子』が日本的スピリチュアリズムを美的かつ情念的に全肯定しているのかどうかは、よく考えれば微妙ではある。帆高は物語の終盤、陽菜が巫女として消費され、人身御供になってしまうことに「抵抗」するのだから。

世俗に埋没した大人たち、すでに腐敗した大人たちは、誰か（人柱、巫女）が犠牲になって最大多数が最大幸福になれるのであれば、別にそれで構わない、現実なんてそんなものだ、と自嘲気味にシニカルに諦めていく。それに対し帆高は「陽菜を殺し（かけ）たのは、この自分の欲望そのものではないのか」と、彼自身の能動的な加害性を自覚しようとする、あるいは自覚しかける——そして〈誰かひとりに不幸を押しつけて、それ以外の多数派が幸福でいられる社会（最大多数の最大幸福をめざす功利的な社会）〉よりも〈全員が平等に不幸になって衰退していく社会（ポストアポカリプス的でポストヒストリカルでポストヒューマンな世界）〉を選択しよう、と決断する。それでも僕らは「大丈夫」であるはずだ、と。

象徴的な人柱（アイドルやキャラクターや天皇？）を立てることによって、じわじわと崩壊し水没していく日本の現実を誤魔化すのはもうやめよう、狂ったこの世界にちゃんと直面しよう、と。

＊

しかし、ここまで論じてきて、微妙な違和感があるのは、剝き出しになった「狂った世界」を、帆高がまさに「アニメ的」な情念と感情だけによって、無根拠な力技によって「大丈夫」だ、と全肯定してしまうことである。それはほとんど、人間の世界なんて最初から非人間的に狂ったものなのだから仕方ない、それを受け入れるしかない、という責任放棄の論理を口にさせられているようなものだろう。わたしはひとりの観客として、そこに根本的な違和感を持った。欺瞞があると思った。

そこには「人間たちの力によってこの社会は変えられる」という選択肢がなく、社会のあり方もまた気候変動のようなもの、人為の及ばない「想定外」なものとして、美的に情念的に観賞するしかないものとされてしまう。それはまさに日本的なロマン主義であり、そのようなものとしての「セカイ系」（後述）の想像力にとらえられてしまっている。

たとえば、新海監督が『天気の子』の中に採り込んだアントロポセン（人新世）という地質学的な議論によれば、地球温暖化などの気候変動、生物多様性の急激な破壊、汚染物質の拡散など、すでに人類の力は自然や天候のレベルにまで決定的な影響を与えている。するとそれは、エコロジーや環境倫理や世代間倫理など、人間（人類）の責任の問題と切り離すことができないはずである。つまり「自然現象だから仕方がない」「自然は狂ってしまったけれど、それは人間の力によってはどうにもならない」という責任回避の論理に安易に逃げ込むわけにはいかない、ということだ。にもかかわらず、『天気の子』には、東京の気候をここまで変えたのは誰か、それを若者や将来世代に負担させるのはどうなのか、というエコロジカルな問いが一切ない。

「君とぼく」の個人的な恋愛関係と、セカイ全体の破局的な危機だけがあり、それらを媒介するための「社会」という公共的な領域が存在しない――というのは、まさに「社会（福祉国家）は存在しない」をスローガンとする新自由主義的な世界観そのものだろう。そこでは、「社会」であるべきものが「世界」にすり替えられているのだ。つまり、個人／社会／世界という三項関係であるべきものが、個人／世界という二項的な関係に切り詰められてしまっている。

「社会的なもの（social）」とは、人々がそれをメンテナンスし、改善し、より良くしていくことができる領域のことである。セカイ系にはそのような社会が存在しない。つまりセカイ系とは、ある意味ではそのままネオリベラル系であり（実際に、帆高や陽菜の経済的貧困の描写はかなり浅薄なものであり、自助努力や工夫をすれば結構簡単に格差や貧困を乗り越えられる、という現実離れの甘さがある）、そこに欠けているのは「シャカイ系」の想像力であるといえる。

この点において、新海誠がもっとも思想的に敵対している同時代のアニメーション作家は細田守であるかもしれない。『天気の子』では、児童相談所や警察などの公共的なもの（社会養護的なもの）が、ほとんど理不尽なまでに嫌悪されている。それは、近年の細田作品が、リベラルな制度や支援体制の重要性を強調しはじめ、たとえば『バケモノの子』では、住民票の登録や高認（高等学校卒業程度認定試験）、返済不要の企業奨学金などの制度をめぐって、区役所の公務員らとのやりとりをいちいちリアルに描いている、ということと対照的にみえる。

国家にも社会にも一切期待しようとしない新海誠のセカイ系的な想像力——信じうるのは恋愛とスピ的なものだけだ——は、「社会」を完全に排除するという意味で、案外ネオリベ的なものと近いのではないか。

『天気の子』はほんとうに「大丈夫」なのか？

もうひとつの疑念は、ラストの帆高の、僕たちは「大丈夫」だ、というセリフが、どの視点から、誰が誰に向けて言ったものなのか、ということである。すべてがじわじわ水没していく、この国も社会もどんどん狂っていく、けれども神様を信じたり恋愛したりして、日々を楽しく幸福に暮らすのは素晴らしいことだし、みんな大丈夫だよ——という論理によって若者たちを祝福するということ。しかし、それを若者たちへ向けて言う「大人」としての新海の立ち位置は、考えてみれば、無責任なものではないだろうか。

わたしにはその「大丈夫」という言葉が、どこか、口先だけで若者を応援はするけれども、社会改良の責任は決して負おうとしない大人たちの姿に重なって見えたのである。『天気の子』は、大人になることの困難を主題にしているにもかかわらず、新海監督の手つきが、大人として十分に熟しきっているように見えないのだ。

帆高は物語の中で、いわば「セカイ系的な恋愛か、多数派の全員を不幸にするか」という二者択一の選択肢を強いられてしまう。しかし、そうした問いを強いたのは誰か。若い世代を応援し希望を託しつつも、そのような社会を作ってきてしまった大人たちなのではないか。そのことが十分に問われないまま、大人たちは腐っているから仕方ない、あとは若者に希望を託そう、君たちは大丈夫だよ、という論理によって、体よく責任を未来に先送りしてしまうこと。それを欺瞞的だ、と言いたいのである。社会や環境に対する無力感を強制しつつ、子どもたちの口から、自己責任において「大丈夫」と言わせてしまうことが暴力的だ、と言いたいのだ。

それはたとえば、作中では天候はコントロール不可能なものとされているのに、話題になった「感情グラフ」（観客の感情を時間の流れの中でコントロールしピークへと誘導しようとするための仕組み）など、新海監督が観客の感情を積極的にコントロールしようとしている、若者の感情を「大丈夫」な方向へと調整し管理しようとしている、という矛盾とも無関係ではないだろう。

くりかえそう。地震も津波も異常気象もみんな自然であり、自然は狂ってしまった、だから仕方ない、でも大丈夫——『天気の子』の世界観は、そういう奇妙なロジックを持っている。デフレ経済下で九九%の人間が平等に貧困化していく社会もまた自然現象であるのだし、あるいは新海監督が嫌悪感を露わにする「ネットという自然」（デジタルネイチャー）もまた、そのようなものである、とでも言うかのように（インタビューの発言によれば、新海監督はSNSに蔓延するポリティカル・コレクトネス〔PC〕的な「正しさ」の猛威を、ほとんどコントロール不可能な天候のようなものとして受け止めている）。

しかし、「大人」たちが抵抗すべきなのは、こうした「仕方ない」という社会に対する諦念と、無根拠な「大丈夫」という自己啓発的な全肯定——それらが補完しあう現実に対してであり、必要なのは、若者や子どもたちにそうした二者択一の選択を強いてしまうような環境（選択前提）そのものを変革すること、そうした想像力を観客にもたらすシャカイ系のアニメーションをつくりだすことではないのか。

わたしは、主人公の選択には賛否両論があるだろう、というたぐいの作り手側からのエクスキューズは、素朴に考えて禁じ手ではないかと思う。そういうことを言ってしまえば、作品を称賛しても批判しても、最初から作り手側の思惑通りだったことになってしまうからだ。有名なトロッコ問題のように、そのような「仕方ない」か「大丈夫」か、「最大多数の最大幸福」か「個人的な感情」か、という選択を若者たちに強いること自体が根本的に間違いであるかもしれないのに。二者択一を超える、第三の意想外の選択肢を想像し創造していくこと。決して「大丈夫」とは言えないこの社会を見つめて、それを変えていくこと。しかも老若男女の協力によって。それが「共に生きる」ということなのではないだろうか。

それでいえば、『天気の子』の「世界の秘密を知る反逆的な若者vs無自覚で堕落した大人たち」というわかりやすい対立図式もまた、相当に戯画的であり、凡庸なものに思える（若者の反抗の象徴としての拳銃というアイテムの使い方もどうなのだろう）。それはまさに村上春樹的なもの、J・D・サリンジャー『キャッチャー・イン・ザ・ライ』的なものの劣化コピーである。大人たちは堕落して腐っており、子どもたちはイノセントであるがゆえに、生きることの不幸や狂気を強いられてしまう。帆高が陽菜を救出しようとする終盤のクライマックスは、警察や多数派の人々の秩序を乱す反社会的な行動として描かれている。大人たちの欺瞞に反抗する若者の純粋さとして描かれてしまうのだ（そういえば、『君の名は。』の公開時、変電所を爆破する主人公たちの反社会的な行動は、共謀罪の対象であり、テロリストのようなものではないか、という議論もあった）。

『天気の子』を男性学／メンズリブ的に解読する

とはいえ、『天気の子』の中で、若者／大人という対立図式のはざまで奇妙な動揺を示している人物がひとり、いる。それは東京で帆高の代理父のような役割を担う、須賀圭介である。圭介は、帆高を零細編集プロダクションに雇い入れ、仕事と食事と住居を与える。

帆高を親切に庇護したり、こき使ったり、家族のように一緒に暮らしたりしつつも、終盤になると「常識的な大人」の立場から帆高を抑圧しようともする圭介は、『天気の子』の中でももっとも破綻し、行動がぶれていて、観る側を苛々させるような気持ちの悪さがある。だがその気持ち悪さゆえに、作中でも稀有の奇妙なリアリティがある。

新海監督はおそらく（帆高よりも）圭介に自分を重ねているのだろうが（岩井俊二の「大人っていうのは、だいたい子どもの役に立たないんだよ」という言葉に触れつつ、自分は圭介のような役に立たない大人のほうを愛してしまう部分がある、と言っている）、「ちゃんとした成熟した大人の男性」の像をうまく描けず、それが屈折し破綻してしまう、という映画としての破れ目に、かえって重要な何かがあったのかもしれない。

実際に、『天気の子』に対してはフェミニズム的な立場からの批判は避けられないだろうが、男性学やメンズリブの観点からは、妻を喪ったシングルファザーであり、喘息持ちの幼い娘を義母に連れていかれてしまい、「常識的な大人の男」の殻を破れず、帆高に対しても矛盾した態度を示し続ける圭介の混乱したダメさ、支離滅裂さは、これからの新海作品を考える上でも大切なものなのではないか。それはたとえば、細田守の『未来のミライ』のリベラルな父親像や、庵野秀明の『エヴァンゲリオン』シリーズのゲンドウのアダルトチルドレン的でDV的な父親像などとも比較されるべきものだろう。

あらためて確認しよう。『天気の子』の二重の欺瞞とは、（1）「狂った社会」を大人たちが自覚的に変革したり改善したりするという可能性を最初から想定していないこと、（2）しかも、大人たちは堕落した存在であると断定することで、責任を回避し、若者たちの口から、この世界はそれでも「大丈夫」だと言わせてしまうこと、つまり子どもたちの決断や自己啓発の問題として——見かけは大人の立場から若者を応援し、希望を託すという態度をとりながら――すべてを押しつけてしまっていること。この二つである。それは、今のわたしたち日本人にふさわしい自己欺瞞の形であるようにも見える。

『天気の子』のラストの「大丈夫」という言葉から、わたしは自然と、宮崎駿監督の『もののけ姫』のラスト、アシタカの「共に生きよう」という言葉を思い出した（もちろん『天気の子』は『天空の城ラピュタ』や『崖の上のポニョ』など、さまざまな宮崎作品へのオマージュを含んでいた）。『もののけ姫』の世界では、大人も若者も老人も、人間も神々も動物も、互いに争ったり、話しあったり、和解したりしながら、全員が等しく滅びていきかねない「この社会」それ自体に、総合的に対峙しようとしていた。自分たちを変え、社会を変え、世界を変えようとしていた。決して「大丈夫」ではないこの現実に向きあいつつ、それでも若者や子どもたちに対して「大丈夫」と言いうる社会を、自分たちの能動的な責任と行動によって、何とか作っていこうとしていたのである。

「この現実は少しも大丈夫ではない」と強く自覚するところからしか、行動も変革も生まれないし、自分たちの存在や欲望を変えようとする意志も生まれないのではないか。こんなもののために生まれたのではない。この世界も、このわたしも、少しも大丈夫ではない。しかしそれでも、共に生きよう。若者たちに勝手に期待したり、希望を託して責任をひそかに押しつけたりすることなく。そう言いたかった。「大人」のための作品を作るべきだ、ということではない。新海監督なりの「大人」の責任によって、子どもや若者のための作品を作ってほしかった。そう言いたかった。

『成熟と喪失』と父なるもののhumor

以上、『天気の子』について論じてきた。

ここで三たび、江藤淳の批評を参照しよう。

ここから考え続けてみたいのは、『天気の子』の圭介の無様な動揺のあり方である。作者である新海と、登場人物である圭介のあいだの微差であり、後者の中にありえたかもしれない男性学的／メンズリブ的な可能性である。

たとえば江藤は、小島信夫の『抱擁家族』の主人公の俊介についてこう書く。

『抱擁家族』の全章を通じて描かれている彼の「家の中をたてなおす」努力が、どことなくこっけいなのは、彼ができるはずのないことを時子〔俊介の妻―引用者注〕に強制され、自分でもしなければならないと思いこんでいるからだ。絶対者を真似ようとする努力はつねにこっけいである。ことに真似ようとする者に絶対者たらんとする明晰な意識が欠けている場合には。『抱擁家族』のヒューマーとは、絶対者になる資格のない人間が、いつの間にか絶対者の役回りを引受けさせられてそれに失敗しつづけるおかしさである。（『成熟と喪失』八九―九〇頁）

恥ずかしく、弱く、戸惑い続ける、滑稽な「父」。滑稽さを乗り越えて、生真面目で父権的な「家長」になるのではなく、ただその状態に耐えること、生きることそのものの「ヒューマー」（ユーモア）を誤魔化さないことが、あたかも戦後日本の〈成熟〉のもうひとつの、別の可能性であるかのようなのだ。『天気の子』の圭介には、その無様さにおいて、こうした「ヒューマー」の気配がある。

これはずいぶん奇妙な成熟のイメージである。少なくともそれは、「未成熟な子どもから立派な大人になる」「没主体的な日本人を脱して、欧米的な近代的個人をめざす」「敗北や喪失を受け入れて、強く雄々しい治者へと成熟する」というようなものではなかった。

ちなみに江藤淳が『成熟と喪失』を執筆していたのは、時代的に言えば、〈権威としての父親〉言説というべき父親論が世の中に流布しはじめた頃のことである。父親のあり方をめぐる議論の高まりは、明治期からすでに連綿と存在してきたが（良妻賢母論に対する良夫賢父論、性別役割分業に対しては批判的な父親論なども存在した）、戦後に入っても父親論はくりかえし生じてきた。

男性学を研究する多賀太は、『男らしさの社会学』という著作で、戦後の代表的な父親論を二つのタイプに分類する。（1）〈権威としての父親〉言説。父親と母親の資質の違いを強調し、しつけ・教育における父親に固有の役割を強調する、というタイプの言説。（2）〈ケアラーとしての父親〉言説。父親と母親の違いを前提とせず、出産前の準備や乳幼児期の世話を含め、広範な子どもへの関与を父親に期待する、というタイプの言説。

（1）の〈権威としての父親〉言説は、一九六〇年代初期にみられ、一九七〇年代半ばから広く流布していった。この時期は、民法改正による家長の法的権威の失墜、高度成長の中で雇用労働が長時間化して家庭内の父親の不在化が際立ったこと、豊かな生活の達成による賃金労働の意味の見直し、等々の事情によって旧来の父親的権威が揺らいでいた時期であり、だからこそ、かえって父親の権威の是非が議論され、強調されねばならなかった。これはまさに、江藤的な「治者」の権威ともいえる。(2)の〈ケアラーとしての父親〉言説は、一九九〇年代から広く流布しはじめた。その背景は次のようなものだった。①結婚後・出産後も仕事を継続する女性の割合が増えたこと。②男女の役割の本質的違いを想定しないような、実証的な父親研究の蓄積により、父親による乳幼児のケアが子ども・母親・父親のそれぞれにプラスの影響を与える、という事実が明らかになってきたこと。③男女共同参画を進めつつ少子化に歯止めをかけたい政府が、男性の育児参加を積極的に提唱しはじめたこと。④一九八〇年代からの男性運動の地道な影響が、メディアを通して一般化してきたこと。

こうした観点から『成熟と喪失』を読み返してみると、父親の権威が根源的に崩壊していくがゆえに、「権威としての父」と「ケアラーとしての父」の揺らぎと葛藤が生まれ、その中で次第に「権威としての父」の再建の方向をあえてめざしていった、そのようなものだったと言える。

『成熟と喪失』の最終的な結論としては、次のような方向性が示されていく。男性たちはあらためて、超越的な「天」の感覚のもとに「父」であらねばならない。治者(強い父)を演じ続けねばならない。恥ずかしい父ではなく、弱い夫でもなく、「強い父」である「かのように」ふるまい続けねばならない。保守すべきが、たとえどんなにぼろぼろの小さな家=家族であっても。それがひとつの虚構にすぎなくても。

江藤はその後の人生の中で、実際に、イロニー(かのように)としての「治者」を生き抜こうとした。戦後の日本国家の公共性を回復するために、公的なものを志向しうる言語を取り戻すために、文人や文芸批評家としてではなく、ひとりの政治的な人間としてふるまっていった。

たとえば、この時期に執筆された『海舟余波』(単行本一九七四年)は、江藤のそうした覚悟をひそかに告げている。江藤のイメージによれば、勝海舟は、かつてあった江戸的な秩序の感覚(公共性)がぼろぼろに崩壊していく中で、あとは何をしても徒労かもしれないという現実の酷薄さを認識しつつも、徹底的に政治的に生きようとした人だった。もしかしたら江藤は、一九七〇年代末以降に本格的に開始される一連の占領研究を、勝海舟のような気持ちで試みたのではないか。

しかし、『成熟と喪失』の江藤の揺れ動く記述の中には、イロニー(かのように)ではなく、すでに述べたような「ヒューマー」の可能性もまた潜在していた。戦後の経済成長の中で、自然破壊の不安(おびえ)に耐えながら、自分の中の悪をなるべく避け、他者をケアし、他者の弱さに寄り添い、天下国家から切り離されたぼろぼろの小さな「家」を保守するために試行錯誤し続けること――そのようなものとしての、弱い父のユーモア。そうした大人の男/父親として行動していく可能性もまたあったのである。

それは次のような問いとも不可分である。近代という時代は、不可避に、女性たちの中に自己嫌悪や自己破壊を埋め込んでいった。女性たちは、自然(女性性、母性)を孕んだ身体を引き受けさせられながら、なおかつそれを人工化=近代化していく、という自己破壊的なジレンマを強いられてしまったからだ。江藤はそうした近代的な暴力性に自覚的であろうとしたたし、たとえば上野千鶴子のようなフェミニストも、その点で江藤の批評活動を評価しようとした。

それならば、女性たちに身体の自己破壊を決して強いない「男」になり「父」になるとは、一体どういうことなのか。試行錯誤する男性／父親たちの「ヒューマー」について、『天気の子』の主介の無様さを越えて、引き続き考えていかねばならない。

細田守のリベラルアニメーション

庵野秀明や新海誠の中に残存する「古さ」と比較して、「現代において父なるものとは何か」「大人の男性はどう生きるべきか」の主題を作中でアップデートしようと試みてきたのは、細田守であると言えるだろう。『天気の子』の圭介のようなメンズリブ的な無様な混乱（そこから滲み出る「ヒューマー」）を、もう少し自覚的かつ持続的にとらえようとしてきたのが細田である、と言ってもいい。そこにもやはり、独特のねじれがあった。

細田作品ではさしあたり、リベラルな大人の男性＝父親への成熟がめざされているように見えるのだが、そこにはつねに不思議と、いびつなねじれとして、共同体主義や保守主義的なものの影（個人主義を支える先祖の血や魂を尊重するという感覚）が混入してくる。ねじれとはそのことだ。ただし、スマートなリベラル男性になりきれないこのいびつさ、ねじれこそが、細田守の誠実さであり、真骨頂なのである。

細田はいわば「日本的なリベラルアニメーション」の最良の形を模索し続けてきた。性別や年代を超えて届きうるような大衆的な娯楽作品をめざしてきた。そのために、宮崎駿や高畑勲のような過剰さ（いびつな作家的欲望）を少しずつ消し去ろうとしてきた。「細田守」とは固有名ではなく、集団名であるとでもいうかのように。しかし、それでも個々の作品をみれば、「細田守的なもの」という以外にない作家性の痕跡がある。

すなわち細田は、その時々の社会的・時事的・PC的なテーマを的確に盛り込みつつ、あえて既製品的なイメージを寄せ集めて「公園」のような公共的なアニメ作品を作りながらも、時おり噴出する独特の勢い＝パッションによって、未来へと開かれた「王道」としての希望の物語を生み出そうとしてきた。そこでは、大人としての父親たちの姿は、どんなものとして描かれてきたのか。

＊

一方で細田は、その出自を見てもわかるように、初期の東映動画が確立した「日本的な長編アニメーション」の伝統を継承している。スタジオジブリの入社試験に落ちたり、『ハウルの動く城』の監督予定が中止になったりしているが、ジブリ的なものへの屈折した親愛は変わらないようだ（たとえば『バケモノの子』は『千と千尋の神隠し』への応答であり、『未来のミライ』は『となりのトトロ』への応答であるだろう）。つまり、細田守もまた、政岡憲三〜東映動画〜ジブリという正統的な流れ（ディズニー的なフルアニメーションの日本的展開）の継承者のひとりである。

しかし他方で、細田は、アニメーションのデジタル化時代にいち早く適応したアニメ監督としても知られてきた。そもそも細田の演出家としてのデビューは、アニメが次第にデジタル制作へと切り替わっていく時期と重なっている。東映動画がデジタル制作に移行した画期の作となった『ゲゲゲの鬼太郎』（一九九七年）によって、細田は演出家としてのキャリアをスタートさせた。一九九〇年代中盤以降のテレビアニメの世界で、デジタル技術を用いた先鋭的な演出によって注目されていた。だがそれだけではない。

細田守という人にはもともと、ユニークな受動性（自我の薄さ）があった。たとえば、細田作品を特徴づける有名な「影なし作画」（キャラクターに影をつけずに作画する手法）は、細田自身の無個性な薄っぺらさ（平板さ）を象徴する。実写を取り込んだリアル志向の背景美術の中に立ったときに、影がなく、ぺらぺらで、淡い色調の細田的キャラクターたちは、幽霊のように存在感が希薄である。そうしたぺらぺらのキャラクターたちに、アニメーション的な「動き」や「情動」によってリアリティを与えること、そこに細田的なキャラクター表現のユニークさがある。

その場合、細田的な受動性には二つの傾向がある。（1）デジタルなものの全面化・侵食に対する受動性。（2）その時代ごとの社会問題（リベラル／ソーシャルなもの）に対する受動性。

まず（1）について。細田守はアニメのデジタル化に適応した作家であるが、かならずしもアナログからデジタルへの流れを手放しで受け入れてきたわけではない。この点は誤解されがちである。たとえば『ぼくらのウォーゲーム！』の新型デジモンや、『サマーウォーズ』のラブマシーン、あるいは『バケモノの子』の「鯨」の描写など、細田作品における最大の「敵」（世界を危機に陥れる存在）は、しばしばデジタルなもののバグや暴走という形をとってきた。細田はデジタルネイチャー的な価値観の侵食を受け入れると同時に、そこにどこか根源的な違和感をも抱えている（新海誠にとって自然とは崇高でノンヒューマンなものだとすれば、細田にとって自然とは、人間がその中に包み込まれた人工的な環境そのものである）。

デジタル化＋リベラル化というフラットな「環境」は、肯定や否定の対象ではなく、受け入れて適応せざるをえないものであり、そうした環境の中で、いかにして唯一無二のエモーションを表現できるか。そこには、デジタル化を受け入れながら、テレビアニメ的なもの／劇映画的なもの（東映～ジブリの伝統に属する）を生かしていく、という両義的な姿勢がある。たとえば『バケモノの子』の渋谷（デジタル化されたCG技術によって表現）と渋天街《じゅうてんがい》（東映・ジブリなどの長編アニメ劇映画の伝統によって表現）の対比と重なりあいは、そのまま、アニメ作家としての細田守の揺れ動きを反映するものだろう。

（2）について。細田守は、日本アニメの伝統に則りながら、現代的なリベラル／ソーシャルな問題をたくみに作中に採り入れて、ウェルメイドな物語を作り出してきた。『サマーウォーズ』ではネット社会／田舎の大家族の対比、『おおかみこどもの雨と雪』では母子家庭の貧困やマイノリティのカミングアウト、『バケモノの子』ではシングルファザーや疑似家族の問題、などである。

特に、制作会社「スタジオ地図」の活動をスタートしてからはその傾向がはっきりする。『おおかみこどもの雨と雪』では、母親の花には父親がいず、若くして苦学し、バイトしながら国立大学に通っているなど、さまざまな社会的ハンディを背負っているという設定である。そして大学生のときに妊娠出産し、シングルマザーになる。また、恋人が「じつは自分は狼男である」と告白する場面は、明らかに性的マイノリティのカミングアウトをイメージさせる（狼男は伝統的にマイノリティのメタファーでもある）。狼男は、今まで誰にも打ち明けたことがない、怖かった、君が去ってしまうかもしれないから、と告白している。

花は、田舎生活に移ったあとも、まわりの誰にも「自分の子どもたちは狼人間だ」という事実を打ち明けられない。また二人の同棲→妊娠→出産というライフストーリーにおいても、つわりの場面、男が料理する場面、自宅出産、双子の子育ての大変さなど、妊娠出産をめぐる生活の細部を丹念に描いていく。『バケモノの子』でも、小学校さえ卒業できなかった少年が大学へ入るには具体的にどんな手続きが必要なのか、その過程をいちいちリアルに表現していた。

作家的な個性を希薄化してきたとはいえ、細田は他方で、自分の個人史を作品の中に埋め込んできた作家でもある。そのこともよく知られている。すなわち、恋愛（『時かけ』）→結婚（『サマー』）→出産・子育て（『おおかみ』）→疑似家族（『バケモノ』）……という具合にである。

ただし、これはむしろ、細田という個人の実体験がとりたてて特別なものではなく、多くの人間がごく当たり前に経験するような一般的な体験（リベラルでソーシャルな体験）に過ぎない、ということを意味するのだろう。そうした恋愛や結婚や子育ては、個人的なものでありつつ、地域コミュニティや社会的な領域の問題でもある。ここから、リベラル／ソーシャルなモチーフに対する「染まりやすさ」が出てくる。

特に『サマーウォーズ』以降の作品では、「人間は社会的な存在であり、家族や地域コミュニティの人々から支えられて生きていくものだ」という主題がポジティヴに描かれる場合が多い。『サマーウォーズ』では田舎コミュニティの大家族が描かれたし、『おおかみこどもの雨と雪』や『バケモノの子』では、片親だけでは子育てにさまざまな困難があり、それは地域住民たちの（ほどほどに軋轢はありつつも）支援のネットワークに支えられることになる。

とはいえ先述したように、基本的にはリベラルで優しい配慮に満ちた世界の中に、突然、奇妙に保守的なモチーフがあらわれる、というところに細田作品の不思議なねじれがあり、独特の作家性がある。そうした細田作品の特性は、しばしば、PC的な批判や論争の火種にもなってきた。

たとえば『おおかみこどもの雨と雪』では、設定としては社会的貧困や性的マイノリティの問題をあつかっているにもかかわらず、母親の花が「すべてを受け入れ、子どものために無償で自己を犠牲にし、いつもニコニコ笑っている」という、保守主義者が理想とするようなタイプの女性として描かれているのはどうなのだろうか。あるいは、花の二人の子ども、雨と雪は、物語の最後に対照的な道を選ぶ。姉の雪は男の子から承認されて自己実現し、弟の雨は内なる野生（男らしさの暗喩）に覚醒して自己実現する。しかしそれは、「女は女らしく／男は男らしく」という保守的なステロタイプにおちいってはいないだろうか。こうしたリベラル／保守性という両義性は、細田の人間観の根本にかかわる。

「新王道」としての「父なるもの」――『バケモノの子』を中心に

細田は、『バケモノの子』について、次のようなことを言っていた。これは、親と離れ離れになった少年である蓮《れん》＝九太が、熊徹《くまてつ》というバケモノと出会い、弟子入りし、修行を通して成長していく物語である。王道的な冒険活劇（修行＋アクション）である。

細田の世代には、ブルース・リーやジャッキー・チェンの映画、『ベスト・キッド』などの王道的な映画があったが、現代の子どもたちにとって、そういった王道の作品は身近に存在しているだろうか。夏休みに子どもが冒険して、大人へ向けて成長する、そういう映画があったほうが絶対にいい。もし今、そうした物語が子どもたちのまわりにないならば、自分たちの手で「新しい王道」を作らなくちゃいけない……(「ひと夏の〝映画〟に向かって」『ユリイカ』二〇一五年九月臨時増刊号、特集「細田守の世界」)。

不特定多数の子どもたちへの、こうした大人の責任感において、細田は庵野や新海よりも強い自覚がある。だから細田にとってアニメーションとは、現代社会の困難や厄介さをしっかりと見つめた上での、新しいタイプの王道的な作品でなければならない。たとえば細田は、俳優の菅原文太が亡くなる前に、これからの時代には映画を作ることに意味がないのではないか、と言ったのに対し、東日本大震災のようなことがあり、菅原さんがそのようなことを言うのもよくわかる、けれども、今後も絶対に、映画を作って楽しいと感じること、映画を観ることを楽しめることには意味があると、菅原を前にしてずいぶん長時間、そういったことを話したという(同誌インタビュー)。

細田は『バケモノの子』を「新冒険活劇」と呼んでいる。細田作品のモチーフは――社会のデジタル化/ポストモダン化を受け入れた上での――「新王道」にある、と言えるだろう。それは、すべてが曖昧になり、フラットになり、足元がふわふわしていく環境の中で、それでもなお、アニメを通して唯一無二のエモーションを表現すること、そして、それをかけがえのないものとして観客や子どもたちに伝えていくことである。

たとえば細田作品の中では、キャラクターたちがよく走る。何だかよくわからないが、とにかく走る。よく考えてみれば、『時をかける少女』でタイムリープをするのに、全力で走る必要はなさそうに思えるのに。あるいは『おおかみこども』では、都会から田舎へ移ってしばらくすると、母子三人が雪の中を転げまわり、ひたすら走りまわるシーンがある。子どもたちは狼に変身して、木立を抜けると雲ひとつない青空が見える。あたかも、それまでの都会と田舎、人間と狼、親と子、男と女のあいだのさまざまな矛盾や（物語の展開に対する細かい）違和感を吹き飛ばすような、健康的な爽快感がこのシーンにはある。

重要なのは、すべてが曖昧でぐずぐずになっていく戦後日本的な「悪場所」の中から、未来へと開かれた新しい価値観を再帰的に組織化していくことなのだ。大ぐくりにいえば、『時をかける少女』では「青春」の意味が再組織化され、『サマーウォーズ』では、ヴァーチャル空間＋田舎のコミュニティの関係が止揚されることで「大家族的なもの」の価値が再組織化される。そして『おおかみこどもの雨と雪』『バケモノの子』では、伝統的な核家族がもはや機能不全におちいる中で、「家族」の形が――そして大人の男性／父親のあり方が――再組織化されるのである。

そこにあるのは、いわば、薄っぺらな、既視感のある、張りぼてのような材料を何とか組み合わせて、強引にでも新しい王道を作ってしまおう、という「覚悟」のようなものではないか。そして細田作品の「父親」とは、まさに、そうした意味での「新王道」としての「父親」なのである。

＊

細田が特に父親的なものの問題を正面から取りあげたのは、『バケモノの子』と『未来のミライ』

である（ちなみに、細田は脚本家の奥寺佐渡子に『時をかける少女』『サマーウォーズ』『おおかみこどもの雨と雪』で脚本を任せているが、『バケモノの子』では奥寺と細田の共同脚本となり、さらに『未来のミライ』では奥寺は脚本から離れている。つまり、細田が「父」のテーマを作中で前面化していく過程が、奥寺の脚本から離れていく過程と重なっている。ここには重大な意味があるのかもしれない）。

『おおかみこどもの雨と雪』の段階では、狼男だった父親は、物語の最初のほうであっけなく事故死してしまう。その後の母子の家族関係において、父親の影は希薄である。これに対し『バケモノの子』は、父から息子への魂の継承の物語を基軸に置いている。『おおかみこどもの雨と雪』が母子家庭の話だとしたら、『バケモノの子』はシングルファザーの話である。また、前者は狼人間と人間の混血児の話だが、後者は血縁関係のないステップファザーとしてのバケモノが「父」となる話である。

『バケモノの子』の蓮の両親は、すでに離婚している。その後蓮は母親と暮らしていたが、九歳のときに突然母親が事故死する。本家の親戚の家をたらいまわしにされそうになるが、自分を引き取りに来ない父親への怒りもあり、蓮は自宅を飛び出す。ひとりで生きてやる、強くなってお前らを見返してやる、と（母親の喪失＋父親の不在）。

このとき、蓮の中のマイナスの感情が「影」となる。『バケモノの子』の世界では、家族のまっとうな愛を得られないと、その人物の胸に「穴」が開き、闇落ちしてしまうのだが、ここにも細田の保守的な側面がうかがえる。

渋谷を彷徨い、自転車置き場に座っていると、蓮はバケモノたち（熊徹と多々良）に遭遇する。熊徹は弟子探し中であり、蓮を勧誘する。ビルの隙間の異空間に入り、迷宮のような路地裏を抜けると、そこは「渋天街」と呼ばれるバケモノたちの世界だった。渋天街は、猥雑なアジア的混沌を孕んだ空間であると同時に、テーマパーク的なペラペラさもある空間であり、宮崎駿の『千と千尋の神隠し』への対抗意識を感じさせる。そこで蓮は、熊徹から「九太」(はじめて出会ったのが九歳だったから)という新しい名前を与えられ、弟子入りする(蓮/九太という名前の分裂も『千と千尋の神隠し』の千尋/千を想起させる)。

重要なのは、蓮=九太には二人の父親がいる、ということである。人間であり血縁の父親である「父」(名前は明らかにされない)と、バケモノであり育ての親の熊徹。血縁上の「父」は、妻(蓮の母親)の親族たちと折り合いが悪かったらしく、二人の離婚も親族たちが仕組んだ面があったらしい。親族たちは彼女の事故死を「父」に連絡すらせず、「父」は葬式にも出られなかったし、蓮を引き取りにも行けなかった。「父」はその後、妻の死を知って、行方不明の蓮を探し続けていたのである。

物語中盤の蓮=九太は、人間の世界とバケモノの世界、血縁の父親と育ての父親、どちらの家族のもとで暮らしたらいいのかわからず、混乱を深めていく。これはまさに、細田にとっての「父親」のイメージの未成熟と分裂を示すものだが、『天気の子』の大人の男性のイメージがたんに混乱していたのに比べれば、細田はまさにその未成熟と分裂を積極的な主題として描き、それを生きようとしている。

クライマックスでは、一郎彦という少年が暴走する。一郎彦は、熊徹のライバル猪王山《いおうぜん》の長男であり、父のような立派なバケモノになることをめざす優等生だが、じつは九太と同じく人間の捨て子だったと判明する。父親や弟のように牙が生えず、鼻が伸びないことを恥じており、それでも自分はバケモノの血統だと思い込もうとしたために、精神の闇が広がっていった。九太の胸にも「穴」があるが、一郎彦のように暴走せずに踏みとどまれたのは、「自分を育ててくれた沢山の人たちのおかげ」であり、ソーシャルなものの支えのおかげだった。

すでに大怪我を負った熊徹は、自分の命を捨ててでも九太を助けようとする。父親として、あいつの胸の穴を埋めてやらねば、と。半端物の自分が唯一、息子のためにしてやれることはそれしかない。熊徹は「神」となり九十九神《つくもがみ》に転生し、真っ赤な剣となって、九太の胸の穴を埋める。「お前の胸の中の剣になる」

最終的には、蓮＝九太は渋天街を出て、血縁の父親と人間の世界で暮らすことを選択し、高認試験のための勉強をはじめる。息子としての蓮＝九太は、二人の父親の愛情を受け入れながら成長し成熟していくだろうことが暗示されて、物語は終わる。

ここにはいかにも細田的な、父親像の二重化がある。【A】熊徹（育ての父親）→粗暴で未熟だが情熱的な父→自己犠牲→（細田にとっての）「自我理想」としての父。【B】人間の「父」（血縁の父親）→優しいが弱々しい父親→全体的に影が薄い父親→現実原則に根差した父。

物語の最後には、二人の「父なるもの」の像が蓮＝九太の中で統合される。ただし、ここで優位に置かれるのは、自己犠牲を通した「父から息子への魂の継承」のほうである。熊徹という（非血縁／非人間の）父親は、人格的には未成熟でありつつ、九太の育ての親として、まっとうな父親であろうとした。その行く末は、息子のために自己犠牲的に自らの命を捧げようとする父親のあり方だった。

だが、こうした父から息子への「魂の継承」は、保守主義的な男性たちの夢想あるいは空想であって、成熟問題の疑似的な解決でしかない。この「父親的なものの二重の分裂」というモチーフは、さらに次作の『未来のミライ』へと持ち越され、反復される。そこでは父の分裂が、主人公の父親／曾祖父（ひいじいじ）の分裂として表現される。

『未来のミライ』――リベラルと保守主義の相互補完

『未来のミライ』は次のような作品だ。都会の片隅の、小さな庭に小さな木の生えた小さな家。四歳の男の子くんちゃん（太田訓）は、妹（ミライ）が生まれたために、「おとうさん」と「おかあさん」の愛を独占できなくなり、嫌だ嫌だ、「好きくない」をくりかえす。この「小さな家」は――これもまた『成熟と喪失』的な主題だが――「家族」の再帰的な問い直しのメタファーでもある。

あるとき、家の庭に突然「謎の男」（ペットのミニチュアダックスフントの雄、ゆっこが変身した姿）や謎の少女（未来からやってきた妹のミライ）があらわれ、それをきっかけとして、くんちゃんは時空を超えた旅へと出る。そこで若い頃の「ひいじいじ」に出会うことで、先祖の代からつながって現在へと至る家族の「血」の物語を、幼い男の子なりに受け止め直していく。

『未来のミライ』は、子育ての「あるある話」が並べられるホームビデオ的、あるいはセルフドキュメンタリー的な作品なのだが（公開前のポスターから予想された、くんちゃんと未来からやってきた妹のミライが協力して冒険して未来を変える、というタイプの作品ではなかった）、そこに超自然的な出来事が生じていく。それらの不思議な現象は、四歳の男の子の空想なのだろうか？　実際に超常現象としてタイムスリップが生じているのか？　あるいは、両親の愛情を妹に奪われた幼児のアイデンティティの危機を、寓話的にアニメ化したものなのか？　真実は観客の判断に委ねられる。

くんちゃんの「おとうさん」は、建築家の仕事をしており、くんちゃんの育児をしながら在宅で仕事をしている。しかしその姿は一貫して頼りない。料理や掃除などに不慣れで、かつては育児を妻に投げっぱなしにした父親として、作中では妻から延々と責められる。ペラペラなアニメのキャラクターたちによって「新王道」を再帰的に再構築することが細田的テーマであると述べたが、『未来のミライ』ではまさに、父権的＝家父長的な「父」のいないペラペラな世界の中に、新たな現代的な「父」を再構築しようとする、という父親論的なテーマが描かれる。

そしてここでは、「弱い父」「頼りない父」から「リベラルな治者としての父」への成熟が選択されていく。最終的に夫は妻から「最近優しくなったね、昔はそんなじゃなかった」「そこそこで十分、最悪じゃなきゃいいよ」と、「そこそこ」の「父親らしさ」を承認される。こうして「おとうさん」はいわば、リベラルな価値観によって去勢される（ある意味でくんちゃんの家族は終始「リベラル家族しぐさ」を演じているように見える――擬人化されて人間の言葉を解する犬のゆっこすらも！）。とはいえ、「おとうさん」のその行く末は依然として（「ひいじいじ」に比べて）頼りなさげで不安である。それは現代的な「父」たちの危機的なペラペラさを――『天気の子』や『シン・エヴァンゲリオン』とともに――象徴しているのかもしれない（他方の「おかあさん」は、作中では基本的に苛々しており、夫に対する態度も冷たく、その責任を「男＝夫」のせいにして上から目線、というある種の「書き割り的な現代女性」として、これもまたペラペラに描かれている）。

とはいえ、『未来のミライ』の中で父性的なものの強さと権威を印象づけるのは、「おとうさん」ではなく「ひいじいじ」のほうである。「おとうさん」の印象の薄さと対照的に、「ひいじいじ」は往年の映画スターのように男らしくカッコいい。また子どもに限りなく優しい（くんちゃんは「ひいじいじ」を「お父さん」と呼び、「カッコいい」と感動する）。そして特攻隊の生き残りであり、戦争の経験の重さを背負っている。そんな「ひいじいじ」の姿を通して『未来のミライ』のモチーフが明快に示される。つまり、過酷で残酷な歴史を「たまたま」生き延びた祖先たちの存在があり、家族の「血」が継承されることで、現在のペラペラさや小さな家を生きるくんちゃんたちの生もまた、永遠的なものにつながりうるのだ、と。

それを象徴するのが家の庭に不自然な形で残された一本の樫の木であり、この木は「我が家の歴史の索引」であり、すなわち「現在と過去と未来」の歴史を記録し登録するインデックスであるとされる。そう考えれば、冒頭からあらわれるドローンのような、上空から垂直あるいはやや斜めに見下ろす視点は、天の身近な場所から子孫を温かく見つめる祖先的な目線であるのかもしれない。

ここにも、リベラル＝ソーシャルな個人主義と保守的な家族観のねじれがあり、細田的分裂がある。一方では、誰もが社会的な「個人」の「役割」を引き受けねばならない。見てきたように、細田はリベラルな政治的正しさ（ＰＣ）に繊細に配慮するタイプの作家である。しかし同時に、個人の生を支えてくれるのは、祖先あるいは子孫の時を超えた力であって、リベラルな個人もまた家族や共同体の血の循環に根差さねばならない。

ペラペラな世界の中で、個人主義的／普遍主義的でリベラルな「父」として自立しようとするが、それはどうにも頼りないものであり、それゆえに、どこかで保守的な「血」の力に頼らざるをえない……というのが細田的な父親像であるように思える。

ついでに言えば、そもそもの前提として、『未来のミライ』の家族の設定には、さまざまな違和感がある。「おとうさん」は建築士という設定なのだが、横浜にある彼らの家は奇妙にこじゃれた庭付きの注文住宅であり、ブランドものの家具や電化製品に囲まれている。他方でバリアフリー的な配慮がまったく見られず、あちこちにある階段は奇妙に急勾配で、乳幼児や高齢者には危険であるように思える(「ばあば」は冒頭近く「おかしな家」と呟く)。あるいは、キャリアウーマンとおぼしき「おかあさん」は、出産後に早々に仕事復帰や出張が可能な職場であり、保育園には入れなかったものの、父親は在宅仕事ができ、祖父母が新幹線に乗って支援に来てくれる……という、総合的にみて相当に「恵まれた」育児環境である。

これらの事実にもかかわらず、「女性にとって子育てはノイローゼになるほど大変」というメッセージを前面に打ち出しているために、公開時から多くの批判や違和感が寄せられた。もちろん、裕福な家庭の子育ては大変ではない、という意味ではない。しかし階層的かつ社会資本的な「上げ底」にあまりに無自覚だった。それは期せずして、リベラルな父親像を維持するためには、そこそこに裕福な経済力と安定的なソーシャルキャピタルを必要とする、という現代的な階級問題を示している。

かつて『時をかける少女』の少年少女は「未来で待ってる」と約束した。ゲームのようにリプレイできるかにみえる現実は、やはりやり直せないものなのだ、という痛みを引き受けつつ、それでも、破滅へと向かう未来を「変える」と「約束」すること。

そうした少年少女の「約束」の重みに比べたとき、『未来のミライ』の「未来」とは、政治や社会的な現実から目を逸らして、それなりに裕福な家と血縁に支えられた幸せな家族の物語へと後退してしまっているように見える。細田的な大人の男性／父たちもまた、リベラルと保守主義の相互補完的な循環を踏み破って、もう一歩、（疑似的なリベラルではなく）真にリベラルな姿勢において、社会問題——たとえば新海誠が『君の名は。』から『天気の子』への過程で対峙しようとした気候危機、格差・貧困、性差別のような——へと向きあうべきだったのではないか。

「新しい観客」になる——社会変革的な主体のほうへ

ここまで、庵野秀明、新海誠、細田守の作品にみられる大人の男性／父親のあり方をめぐって、あるいはその男性学的／メンズリブ的な混乱や失敗について、江藤淳の成熟論を参照軸としながら論じてきた。

ところで、わたしの『シン・エヴァンゲリオン』レビューについて、ツイッターでTakuyaKuratsu氏による次のような意見があった。「面白かったけど、人間に対する期待水準が高すぎる。ヒカリが言ってたように、毎日ふつうに生きてれば、それだけで十分ですよ」(https://twitter.com/columbus20/status/1372043022045569025)

言いたいことはわかる。しかし、わたしたちはまさに長いあいだ、戦後日本の中で「ふつう」の生活を保守し維持することによって、戦後民主主義の中にもあった性差別や格差・貧困や環境破壊を無視し、放置し、推進してきたのではなかったか。さらには、そうした無反省で無感覚な「多数派」の「ふつう」を正当化してしまう想像力を、多くのサブカルチャー作品が供給してきたのではなかったか。

重要なのは、そうした事態に対する批評的な意識が、ほかならぬ宮崎駿の「子ども」としての庵野、新海、細田たちの近年の作品の中に、明らかに見てとれることだ。その点ではTakuyaKuratsu氏は、彼自身が愛好する作品のポテンシャルを甘く見ているし、それらを旧来の「オタク」たちの花園＝箱庭の内部に封じ込めてしまっている。わたしたちは今や「新しい観客」として、作品内の感性的・倫理的な変化＝脱皮を受け止め、解釈や批評を通して、それをさらに引き出していくべきではないか。というより、わたしの「期待水準」は「高すぎる」どころか、ごくささやかなものだろう。近年、クラウドファンディングやオンラインデモ、ネットアクティヴィズムなど、日常生活をことさら破壊したり犠牲にしたりすることなく、さまざまな回路を通して社会運動にコミットするためのメディア的環境が整備されつつある。文化／政治、メディア／日常生活の往還によって、現実と虚構のいずれに対しても責任を取っていく、そうした社会変革的な主体（新しい観客）に変態＝生成変化していくこと。欲望や生活様式の次元で変化していくこと。そのためのコストやハードルは、明らかに、大幅に低くなっている。

近頃ようやく翻訳されたヘンリー・ジェンキンズの『コンヴァージェンス・カルチャー――ファンとメディアがつくる参加型文化』（原著ペーパーバック版二〇〇八年）によれば、古いメディアと新しいメディアの役割が衝突し、草の根メディアと企業メディアが交差し、メディアの制作者と消費者の力が互いに影響しあうようなコンヴァージェンス（融合）的な文化が拡張された現在、コミックや映画などのファン・コミュニティの力が、そのまま政治的なものへも影響を与えるようになった。「本書を通して私が示したのは、コンヴァージェンス文化は新しい様式の参加と協力を容易にしているということだ」（同書四四〇頁）。

メディアのプラットフォームが融合し技術的に進歩した結果、消費者＝観客としての「わたしたち」は、より容易に、より積極的に、文化と政治の「参加者」たりうるようになった。これはたんなる技術決定論ではない。「メディアの変化における技術的次元よりも、私たちがメディアを生産して消費するためのプロトコルの変容」が重要なのである（同四三三頁）。消費者＝参加者たちは「参加型文化」を通して民主的に成熟してゆき、新たな「集団的知性」を生み出していく。政治と文化の往還と相互作用から生まれる、それ自体が多種多様で異種混交的な知性のあり方である。

ＳＮＳにポピュラー・ミソジニーやレイシズムなどが日常的に吹き荒れるようになり、政治的にもブレグジットやトランプ現象が象徴するように、ポピュリズムが常態化している。ジェンキンズのこの本は「それ以前」に書かれた。わたしたちはすでに「その後」の歴史の中で、陰謀論者やＱアノンたちが、まさにサブカル的な想像力を用いてテロリズム的な破壊行動を企てたことを目撃している。その意味では、融合的な集合的知性がもたらす危険性について、ジェンキンズの著書はいささか楽観的にも思える。

しかし、二〇〇八年刊行のこの本ではすでに、集合的知性が暴走するリスクに言及しつつ、それでもあえて「とびきりユートピア的に」（同四四〇頁）未来の政治的文化的実践を語っていこう、と提案されていたのだ。知識人たちはしばしば「批判的悲観主義」におちいりがちだが、むしろ「批判的ユートピア主義の政治」(同四四四頁)を能動的に語るべきである、と。実際にジェンキンズが強調するのは、観客=参加者として学び続けることの重要性だ。

『バケモノの子』や『天気の子』や『シン・エヴァンゲリオン』などは明らかに、そうした現実と虚構、文化と政治の相互混交がデフォルトとなった複合現実的な環境のもとで製作されている(拙著『戦争と虚構』も参照)。のみならず、文化と政治、趣味と正義の領域が混然一体となり、マイノリティの人々に対する合理的配慮や反差別的な倫理観を持つことが不可欠となっている。それらの配慮や倫理が十分かどうかは、個々の作品ごとに批評の余地があるにせよ。

オールドタイプの感性から脱け出せない人々は、そうした傾向を、PCに対する屈服や遠慮として揶揄したり冷笑したりする。しかし、政治と文化、趣味と正義、日常生活とアニメーションがモザイク化したマルチフィクション的な現実環境を、わたしたちはもはやデフォルトとして生きていくべきなのだ。

新海や庵野や細田がその作品によって実践的に証明してきたのは、近代化の進歩と成熟に基づくPC的な文化的多様性に配慮しつつ、作家的欲望の固有性(いわゆる「性癖」)を発揮していくこと、それは可能だ、ということだ。しばしば「日本特殊的」と言われるサブカルチャーやアニメーションにおいても、それは十分に可能なのである。

わたしたちもまた、万人が誰でも社会変革的な主体になりうる、という(ポスト)情報環境的・メディア的な現実的条件を肯定し、融合的な集合的知性の行く末をアクティヴに祝福していくべきだろう。そして、欲望と責任を兼ね備えた「新しい観客」になっていくべきである。

評論家の宇野常寛は『母性のディストピア』（二〇一七年）で、江藤淳と村上春樹（そして宮崎駿）に共通する戦後の「父」としての成熟モデルを厳しく批判している。「江藤／村上の根底にあるのは自分たちは「父」にはなれない、武器は持てないという諦念である。そのため、どちらも自分が偽物であることを自覚することで成熟する、という形式を取り、そしてどちらも性差別的な構造に依存している」（同書三一頁）。「妻を「母」と錯誤するこの母子相姦的想像力は、配偶者という社会的な契約を、母子関係という非社会的（家族的）に閉じた関係性と同致することで成り立っている。／本書では、この母子相姦的な構造を「母性のディストピア」と表現したい」（同三三頁）。

こうした「母＝妻」への依存を前提にした男たちの成熟モデルに対し、宇野が対置するのは、どのような成熟モデルなのか。

それは、近年のインターネットと情報技術の進歩を踏まえつつ、一度見失われたかに思える「オタク」的な想像力の可能性を更新し、文字通りの「ニュータイプ」（『ガンダム』シリーズの富野由悠季が途中で捨ててしまった思想）をめざす、という成熟モデルである。戦後的なマチズモを縮小再生産してきた母性的ディストピアから脱出し、「家族的なもの、生殖的なものを超克し、他者への想像力を発揮し得る「ニュータイプ」の可能性」（二四七頁）すなわち「人類の進化の可能性」（二四六頁）を取り返すこと。宇野はそれを「この二〇年で失われたオタク的な成熟の可能性＝「ニュータイプ」」（四七三頁）と言っている。いわば、カリフォルニアン・イデオロギー（コンピュータの普及によって従来の権威や社会体制を変革しうる、という考え方のこと）的な技術主義に基づく日本的な超人＝スーパーヒューマンの思想、とでも言えばいいだろうか。

新人類たちが（文化）左翼に、オタクたちがヘイトスピーカーと歴史修正主義に堕落したいま、かつてのオタクが可能性として抱えていた「ニュータイプ」としての成熟が求められているのだ。こうして私たちはこの「失われた二〇年」を、平成という失敗したプロジェクトを正しく更新し、そして実現する他ない。（中略）

ここで問われるのは、私たちがこの戦後という長すぎた時代の遺産を未来に接続し、ローカルな国家ではなくグローバルな市場に対して何を生み得るのか、ということに他ならない。それは言い換えればいかに「オタク」の思想からもう一つのカリフォルニアン・イデオロギーを築き上げるか、ということであり、シリコンバレーがそうであったように、東京から何を語り得るか、という問いでもある。（同四七三頁）

しかし、わたしが考えてみたいのは、すでにここまで断片的に述べてきたように、宇野が言うようなニュータイプ的成熟というよりも、社会変革的な大人としての行動であり、日常的な行動哲学のようなものである（それは宇野とわたしの、江藤淳や宮崎駿に対する評価の違いともかかわる）。

『天気の子』の批判的可能性——ミソジニー／格差社会／気候危機

たとえば先ほど『天気の子』について、次のように書いた。この作品の中では、大人たちが責任を回避しつつ、すべての決断を未来の子どもたちに委ねてしまっている。監督である新海誠は、大人の立場から子どもたちの未来を応援し、背中を押し、祝福しながら、自分たちの現在の責任をキャンセルしてしまっていないか、と。

とはいえ、『天気の子』という作品は——圭介という大人／父親の無様な動揺の描き方がまだ不十分に思え、疑問を感じたとはいえ——現代社会のクリティカルな「主題」（社会問題）を直観的に、的確につかんでいたように思える。具体的には以下の三つである。

（1）女性たちを搾取し人身御供にして成り立つミソジニー的でフェミサイド的な社会。
（2）グローバルな資本主義に起因する若者の格差・貧困（そして機能不全家族）。
（3）今そこにある危機としての気候変動・危機（エコロジー、環境問題）。

こうした現代的な社会問題（システム上の課題）を一挙にとらえた新海誠の直観力には、現時点からふりかえれば、やはり、瞠目すべきものがあったと思われる。

『天気の子』が公開された年（二〇一九年）は、日本全国に台風被害が多く、気象庁は台風一五号を「令和元年房総半島台風」、台風一九号を「令和元年東日本台風」と命名した。日本国内で台風に名が与えられたのは一九七七年の沖永良部台風以来、約四二年ぶりのことだ。またスウェーデン生まれの環境活動家、グレタ・トゥーンベリ（二〇〇三年―）を中心とする気候正義のためのアクションが日本でも大きく紹介され、特に若者たちにインパクトを与えたのも、『天気の子』公開間もなくのことである。さらには、自民党の小泉進次郎が環境大臣になり（二〇一九年九月一一日～現職）、温暖化や気候変動をめぐる数々の頓珍漢な発言で失笑を買ったのも同じ時期だった。

重要なのは国際的に、まさに実在する「天気の子」たちによる環境保護／気候正義のためのデモ行進やストライキが生じていた、という事実である。ジャーナリストのナオミ・クラインは、『地球が燃えている』（原著二〇一九年）の序章で、グレタのアクションを触媒として、二〇一九年三月に世界中で巻き起こった若者・子どもたちの気候ストライキを紹介している。

それらはまさに「天気の子」たちのグローバルな対抗運動であり、気候正義のムーブメントだったと言える。「世界のどこに住んでいようとも、この世代には共通項がある。彼らは、地球規模での気候変動がもはや将来の脅威ではなく、生活の現実となった最初の世代なのだ」（同書一一頁）。二〇一九年の若者や子どもたちの国際的ストライキでは、時間はもう一〇年と少ししかない、という点が強調された。たとえば国連の気候変動に関する政府間パネル（ＩＰＣＣ）の二〇一九年の報告書によれば、近未来の地球全体の温暖化を一・五℃未満に食い止めるには、二〇三〇年までに世界全体の炭素排出量を半分に削減しなければならない。

クラインの同書によれば、そのためには、たんに炭素税のような部分的対応だけではダメで、人類のエネルギーの使用法、食糧生産・移動・建築のあり方などを迅速に、意志の力をもって、変革していかねばならない。しかし近年の大人たちがおこなってきたことは、せいぜい、複雑な炭素取引市場の創出、ひとつの化石燃料（石炭）から別の化石燃料（天然ガス）への置き換え、効率のいい新しい家電製品への買い替え、「環境に優しい」と称する高額の代替製品の消費などにすぎなかったのだ。気候危機の問題は――これもやはり『天気の子』が降りやまない雨と都市の水没によって象徴させていたように――現代的な資本主義がもたらす若者たちの貧困と格差化とも絡みあっている。近年あらためて、原発公害事故や新型コロナウイルスの問題と関連して、人間による開発主義的な自然の破壊と搾取は、国家や企業による労働力の搾取（人間を労働力商品とみなし、たんなる人材＝資源としてあつかうこと）と同根であることが論点化されている。

経済史研究者の斎藤幸平は、ベストセラーとなった『人新世の「資本論」』（二〇二〇年）の中で、国連、世界銀行、ＩＭＦ、ＯＥＣＤ等の国際機関が掲げ、各国の政府や企業も推進するＳＤＧｓ（持続可能な開発目標）は、現実の諸問題の絶望を和らげるだけの、新たな「大衆のアヘン」に過ぎず、資本主義の構造を温存したまま環境問題に対処しようとするグリーンニューディール政策では根本的にダメだ、と主張している。

真にリベラルな子どもたちのために

重要なのは、『天気の子』には、こうした経済格差や気候変動を生み出すシステムに対する批判的な視座が確かにあったことだ。そして『天気の子』の批判的な眼差しは、気候危機や貧困・格差問題と同時に、女性の搾取と人身御供化によって成り立つ社会のあり方――性差別的でミソジニー的でフエミサイド的な社会——へも向けられていた。

シンジア・アルッザ、ティティ・バタチャーリャ、ナンシー・フレイザーによる『99%のためのフェミニズム宣言』によれば、世界中に拡がった近年のフェミニスト・ストライキ運動の特徴は、女性たちに無償労働を強要する資本主義への批判（反資本主義）を明確にした点にあるという。

彼女たちが注目するフェミニスト・ストライキとは、たんに賃金労働やパート労働に対するだけではなく、「家事、性交渉、そして笑顔からも撤退する」ことをも意味する。闘争と反撃のポイントは「社会的再生産」の場である。社会的再生産とは、生命を生み出し、維持し、継続させる活動のことだ（出産、育児、家事、介護、あるいはそれを支える住居、病院、学校などの制度のための活動）。利潤形成のための賃労働は、人間形成にかかわる女性たちの無償労働なしには成り立たない。

ここでも問いを、足元の日常に切り返そう。弁護士の太田啓子は次のように述べている（『これからの男の子たちへ——「男らしさ」から自由になるためのレッスン』）。自分がかかわってきたDV離婚事案やハラスメント事案での成人男性たちの言動を見ていると、自分の行動を反省するどころか、開き直って被害者を非難したり、性差別的な考え方を根深く持っている場合があまりにも多い。「中年や初老になってそのようなふるまいを改められない男性に、根本的な考え方を変えさせることはもはや難しいのではないか、と感じざるをえません」（同書九頁）

とすれば、彼らを「反面教師として」、これから大人になる男の子たちがそうならないように、どのように教育や子育てをおこなえばいいか、考えていくべきではないか。大人たちは、自分の子どもが被害者や犠牲者になることを怖れても、自分の子どもがセクハラや性暴力の加害者になるとは想像しない。考えもしない。教育や日頃の大人の接し方を通して、男の子たちから「少しでも加害の芽を摘むこと」（同書一五六頁）、そして「男らしさの呪い」を解くことが大切ではないか。

それだけではない。「さらに男子が、みずから加害行為をしないだけではなく、セクハラ・性暴力についての理解と関心をもち、積極的に被害者を助ける大人に育つようにすることも非常に大切だと思います」（一六〇－一六一頁）。「これからの男の子たちには、自分が加害者にならないだけではなく、性暴力をなくすために主体的に動く大人になってほしいと願っています」（一八一頁）

太田が言うのは、子どもたちを「リベラルな男の子」として教育し育てる、ということだろう。リベラルな主体とは、自分の自由を尊重し、他者の自由を尊重するばかりではなく、そもそもそれを可能とする社会的な法や制度や環境を整備しておくこと、それが何より大切である、という立場である。そうした社会変革的な主体であれ。社会を改善し改良し、メンテナンスするように積極的に働きかける人間であれ――。

気候危機と貧困・格差と女性差別が絡みあっていくこうした場所から、あらためて、素朴に、日常生活のレベルから考え直さねばならない。

では、今、大人たちには何ができるのか。

いや、「君たち」ではなく「わたしたち」、大人たちはどう生きるべきなのか？

最後にあらためて――君たち＝大人たちはどう生きるか

わたしたちに必要なのは、もはや戦後的な成熟論ではなく、具体的な行動（action）であるのかもしれない。

すなわち、真の意味でリベラルな、まっとうな大人になっていくとは、未成熟なオトナコドモ（オールドボーイ）の迷走から脱していくこと、実践的行動によってそれを示していくことなのではないか。

子どもや若者の世代へと責任転嫁し、代理戦争を戦わせるべきではない。わたしたち自身の負の遺産を、次世代へと継承させないための、不断の地道な努力が必要だ。未来の歴史によって審判されるべき大人として、責任をもって、若者や子どもたちがより自由に生き方を選択しうる環境（法・制度・構造）を構築していくこと。無力さやシニシズムを言い訳にすることなく。

それはもちろん、完璧な大人、何の欠点もない正しい大人になるべきだ、という話ではない。

現実と虚構、文化と政治が複合化するマルチフィクション的な環境の中で、なお社会変革的な大人として生きる、新しい観客に変態していくとは、戦後日本の「成熟論」の限界を超えて、大人として行動していくということではないか。先述したようにそれは、極端に強い倫理性をもった人間、一部の特権的な人間だけに可能なことだとは思わない。誰でもできること、今ここから、無名の誰にでも試みうることだ。

たとえば近年のディズニー映画は、PC的な価値観を取り込み、プリンセスたちのフェミニズム的な主体性やガールズパワー、シスターフッドなどを描くようになった。そのひとつの分水嶺は『アナと雪の女王』（二〇一三年）にあるが、ずっと以前から、たとえば姫が主体的に王子を助けるという

『美女と野獣』（一九九一年）の頃から、徐々に変化ははじまっていた（個人的に重要だと思うのは実写作品の『魔法にかけられて』〔二〇〇八年〕である）。

そして近年のディズニー映画において、フェミニズム性やガールズパワーは、西洋近代文明に対する反省意識となり、平和で多文化的な現在の自分たちの生活が隠蔽してきた歴史の真理への覚醒、という方向へと進んできた（『アナと雪の女王2』や『マレフィセント2』など）。そこでは破壊と再生を経て、近代文明によって抑圧されていた自然的なもの（妖精、魔法、先住民など）との和解が試みられ、スピリチュアルでエコロジカルな全体性が回復されていく。ある種の母性主義的でエコロジー的な女性性が、新たな社会秩序をもたらすのである。そこには明らかに、近年の新たな女性たちの国際的な解放運動を受け止めつつ、政治と文化の好循環をもたらそうとする意志が感じられる。

では、あらためて、観客としての男性たちはどうなのか？

『天気の子』という作品には、大人たちには気候変動や経済的水没を食い止めることはもはや不可能だ、というニヒリズムが感じられた。たとえば思想家のマーク・フィッシャーは、著書『資本主義リアリズム』の冒頭で、アルフォンソ・キュアロンの映画『トゥモロー・ワールド』（二〇〇六年）について、次のように論じている。

人類全体が不妊状態となり、新しい子どもがもはや生まれず、新文化も誕生しなくなった陰鬱なディストピア的世界の中で、発電所の中に文化遺産を集めて、ひたすらそれを愛でるエリートたち。フィッシャーはそんな彼らを、後期資本主義の快楽的ニヒリズムを象徴する者たちとして批判している。彼らの姿は、低成長と成熟社会の中で、多様な芸術や文化を愛でつつ緩やかに滅びていこう、という高踏的な左派的物語にすぎない……。

おそらく、戦後的なオトナコドモとしての男たちが向きあうべきなのは、こうした内なる享楽的ニヒリズム（感性的な古さ）ではないか。

たとえば竹内好は、魯迅の精神について次のように書いていた（『魯迅入門』）。

「彼は、善の資格をもって悪を批判することに「失敗」した。新しいもの（それは彼に善だ）の資格で古いもの（それは彼に悪だ）に対抗することに「失敗」した。その結果、古いものであり、従って悪であるものをもって、古いもの＝悪を破壊しようとするのだ。絶望をもって絶望を克服しようとするのだ。（中略）暗黒の外に光を求めるな。ただ暗黒と格闘しろ。悪をもって悪の完全を敗れ。「憎むもののために生きよ。」」（同書五五頁）

魯迅は人類の進歩を信じる。「人類の進歩に対する抜きがたい確信」（九頁）がある。しかし自分（たち）は古いもの、根本的に悪いものであり、それはもう体質的に変えられない。だとしても、あるいはだからこそ、自分たちの内なる古さ、腐敗した悪いものと徹底的に戦え。希望を捨てろ。自分たちを滅ぼすことで敵を滅ぼせ……。

もちろんこれは危うい姿勢でもある。マッチョな「男」も、こじらせた「男」も、ＰＣやフェミニズムに都合よくスリップストリームする「男」も、自分を問わず理論や運動に逃げ込む「男」も、どいつもこいつも似たり寄ったりであり、全部等しく「古さ」なのだから、「男」はまとめて地獄に落ちろ……そうした根絶やしの感覚に呑み込まれそうになるからだ。ある意味で、選択的な反出生主義（男たちはそもそもこの世界に産まれてこないことが道徳的にも功利的にも最善である）のようなものへと近づいてしまう。おじさんどもはもはや何もするな、何も残そうとするな、黙って享楽的に滅びていけ。そうしたタイプのニヒリズムである。

わたしもまた長いあいだ、無意識のうちに、そのように感じていた。オトナコドモたちの根幹には、見かけはどんなに仕事や趣味を楽しんでいても、「自己抹殺の思想」（江藤淳）があるのかもしれない。たとえば、わたしはかつて『戦争と虚構』という著作で、この国の大人のオタクたちに残されているのは、あとはもう、人間が絶滅した世界、非人間たち（機械やキャラクターや人工知能）だけになったポストアポカリプスの世界を美的に享楽するくらいしかないのではないか、と書いた。資本と技術の加速主義を美学的に享楽し、さらにまたその先で、人間の絶滅を肯定し、人間以外の何かの到来を待ち望むという暗黒啓蒙的な姿勢……。

しかしそれもまた、自分たちは都合よく滅びて、この世界についての責任は未来の若者世代に任せよう、という最悪の「わな」ではなかったか。そのような自己抹殺の衝動を批判的にえぐり出しながら、勇気をもって、「社会変革的な大人」になっていかねばならなかったのではないか。

魯迅は「わが節烈観」（竹内好訳）で、苛烈に次のように書いている。

「世間の通り相場では、貞と不貞、淫と不淫はすべて女性の側にあり、男子は誘惑しても責任は問われない。（中略）こうして歴史上、国ほろび家やぶれる原因はすべて女子の罪に帰せられるのだ。無理無体に罪を背負わされることすでに三千年以上である。これに引きかえ男子は、責任を負わぬばかりか、反省能力もないために、勝手気ままに女を誘惑し、それを文人たちが風流韻事と書き立てる。そのため女子の身辺は危険だらけだ。自分の父や兄や夫のほか、すべての男は多かれ少なかれ誘惑魔である。きわめて難事、と私が言うのはこのことだ」

あるいは次のようにも書いた。「死んでいった人を追悼したあと、われわれは誓いを立てるべきである――人生にとってまったく意味のない苦痛を取り除くこと。他人の苦痛を作り出し、それを鑑賞の具に供する愚昧と暴力とを取り除くこと。／さらに誓いを立てるべきである――すべての人類が正当な幸福を享受すること」

この国の中で「大人」として、あるいは「父」として、資本主義と家父長制と環境破壊が絡みあって織り成すシステムに対抗し、反撃していくこと。

芸術作品の表現や形式よりも、社会反映論的な思想内容のほうが重要だ、と言いたいのではない。必要なのは、オトナコドモ＝オタク的な感性を更新し、社会化していくことだと思うのだ。オールドタイプのオタク的な感性では、現代の最先端を疾駆する作品たちに、もはや感覚的にも倫理的にも対峙しえない、そのことを自覚していくことだ。

この非人間的で残酷な世界の中では、どうせ誰もが遅かれ早かれ平等に滅びていくのだから、自分たちだけそこそこ幸福であればよい、趣味を大事にして快楽的に生きて死んでいけばいい、と言うのか。そんなはずがない。

まさに滅びていくべき存在、人類の進歩の中で駆逐されていく古い感性の存在として、せめてもの責任を行動的に果たしていくこと。楽しむな、と言うのではない。消費的な娯楽とは微妙に異なる、文化と政治が交差するような作品批評の楽しさがあり、新しい観客としての参加の喜びがある。そう言いたい。

若者たちの将来、子どもたちの未来を信じつつ、大人たちはその先行世代の責任において（間もなく滅びていくオールドファッションな存在として）社会変革的であろうと意志するべきだ。日常生活を営みながら、資本主義、環境問題、性差別などの複合差別的なシステムと抗争していくこと。新しい世代の人々が公正に生きうるための社会的基盤（法、制度）を構築し、負の遺産にケリをつけ、まっとうな生存環境を「新しい人たち」へと明け渡そうとすること――それは可能だ。

過去の歴史・伝統を受け継ぎながら、世界観を若者・子どもたちに示すこと。そして、それを含めて、若者たち、子どもたちから徹底的に批判されるのを受け入れること。批判されながら、何か（思想であれ、制度であれ、態度であれ）を受け渡すこと。

もちろん、それを受け取るのも受け取らないのも、子どもたちの自由意思に委ねられる。それでも、あるいはだからこそ、大人としての自分たちが最善で最良と信じるものを手渡し、明け渡そうとするべきだ――そのときやっと、大人であるわたしたちは、ほんとうの意味での「ヒューマー」をたたえた社会変革的な主体になりうるのかもしれない。今のわたしは、そう考えている。

アルッザ、シンジア、ティティ・バタチャーリヤ、ナンシー・フレイザー『99％のためのフェミニズム宣言』惠愛由訳、人文書院、二〇二〇年
宇野常寛『母性のディストピア』集英社、二〇一七年
江藤淳『成熟と喪失――〝母〟の崩解』講談社文芸文庫、一九九三年（原著一九六七年）
江藤淳『昭和の文人』新潮社、一九八九年
太田啓子『これからの男の子たちへ――「男らしさ」から自由になるためのレッスン』大月書店、二〇二〇年
大塚英志『アトムの命題――手塚治虫と戦後まんがの主題』徳間書店、二〇〇三年
大塚英志『江藤淳とフェミニズム的戦後――サブカルチャー文学論序章』筑摩書房、二〇〇一年
クライン、ナオミ『地球が燃えている――気候崩壊から人類を救うグリーン・ニューディールの提言』中野真紀子・関房江訳、大月書店、二〇二〇年
斎藤幸平『人新世の「資本論」』集英社新書、二〇二〇年
ジェンキンズ、ヘンリー『コンヴァージェンス・カルチャー――ファンとメディアがつくる参加型文化』渡部宏樹・北村紗衣・阿部康人訳、晶文社、二〇二一年
多賀太『男らしさの社会学――揺らぐ男のライフコース』世界思想社、二〇〇六年
竹内好『竹内好全集（2）魯迅入門』筑摩書房、一九八一年
平山周吉『江藤淳は甦える』新潮社、二〇一九年
フィッシャー、マーク『資本主義リアリズム――「この道しかない」のか？』セバスチャン・ブロイ、河南瑠莉訳、堀之内出版、二〇一八年
藤田直哉『シン・エヴァンゲリオン論』河出新書、二〇二一年

魯迅「わが節烈観」『魯迅文集（3）』竹内好訳、ちくま文庫、一九九一年

おわりに

本書の成り立ちについては、すでに「はじめに」に書いたのでそちらを参照していただきたい。以下は、個人的な覚え書きになる。

本書は、すでに発表した下記の原稿をベースとし、それらをつなぎあわせ、加筆修正し、さらに書き下ろしを加えて、一冊の本として再構成したものである。

・「宮崎駿の「折り返し点」」（集英社『すばる』二〇一六年四月号～七月号）
・「はじまりの宮崎駿――『風立ちぬ』再考」（新潮社『新潮』二〇一六年九月号）
・新海誠『天気の子』レビュー（講談社『現代ビジネス』二〇一九年八月九日公開）
・庵野秀明『シン・エヴァンゲリオン』レビュー（同『現代ビジネス』二〇二一年三月八日公開）

本文でもすでにふれたが、『宮崎駿論――神々と子どもたちの物語』（ＮＨＫ出版、二〇一四年）では、宮崎駿の一九九〇年代半ばの「折り返し点」以降の作品、すなわち『もののけ姫』以降の長編作品について、わたしはうまく論じられなかった。そのあたりのことをもう一度考え直したくて、二〇一六年に文芸誌『すばる』に『もののけ姫』論を、『新潮』に『風立ちぬ』論を発表した。前者は原稿用紙合計二三〇枚、後者は七〇枚ほどの分量があり、そのうち書籍化できれば、とは考えていた。

さらにその後、二〇一七年刊行の『戦争と虚構』(作品社)では、庵野秀明→新海誠→片渕須直→押井守についての作家論を書いた。最終局面の押井守論でわたしは、加速主義から暗黒啓蒙(人類=「わたしたち」の絶滅を美的に享楽しようとする姿勢)へ、という快楽主義的なニヒリズムへとおちいってしまった。こうした悲観的な結論しかありえない、と当時は感じていたのである。

ところが『戦争と虚構』刊行後、わたしは心身の衰弱と鬱状態におちいり、そのリハビリ過程で(それは今もまだ回復途上だが)、あの結論は「違う」、これではダメだ、という違和感を強めていった。自己超克が必要だと思った。押井守論の時点から一度引き返し、二〇一六年の『もののけ姫』論、『風立ちぬ』論の時点に立ち戻るべきだ、とおのずと感じるようになった。

こうした経緯のもと、本書では、『宮崎駿論』の後半部分、そして『戦争と虚構』の結論部分を、いわば新たに自己自身で「語り直す」こと、語り直しつつ別の道を開くことを目標とした。それは、今までの批評のあり方、批評家としての生き方を振り返り、生き直そうとすることをも意味した。わたし自身が「新たな観客」となり、「社会変革的な大人」となるための生活的/美意識的な試行錯誤を必要としていた。

……とはいえ、こうした言い草自体がひどく古めかしいもので、すでに批評氷河期(?)の中で亡びつつあるだろう。その点も重々承知している。けれども結局、批評とはそんなふうに語られ、生きられる以外ないのだろう。それが批評の「ふるさと」(坂口安吾)なのだろう。原点回帰のように、そう感じた次第である。
いつの日か、『千と千尋の神隠し』や『君たちはどう生きるか』を論じる三冊目の宮崎駿論を出せればと思う。つまり三部作の構想である（番外編として、漫画版の『風の谷のナウシカ』についても一冊の本で対峙したい）。『宮崎駿論』は実存的なロマン主義の本、本書は穏当でリベラルな人間主義の恢復（大人の責任とプラグマティックな行動主義）を目論んだ本であるとすれば、三部作の最後では、ラディカリズムによって宮崎駿を批評したい。そうしたプランをあたためている。

出版不況のこの時世に、本書のようなオールドタイプの評論の本を出せたことは、それだけで本当にありがたいことだ。大月書店の編集者、岩下結氏に心から感謝する。岩下氏にはかつて『無能力批評』（二〇〇八年）でもお世話になっている。いまだにこの本を、杉田の最良の本として愛読してくれる人とたまに出会うが、これもありがたいことだ。
また雑誌（ウェブ）掲載時の各論考を担当してくれた『すばる』の吉田威之氏、『新潮』の清水優介氏、『現代ビジネス』編集部の丸尾宗一郎氏にも、この場でお礼を申し上げる。

二〇二一年六月

杉田俊介

著者　杉田俊介（すぎた しゅんすけ）

1975年神奈川県生まれ。批評家。法政大学大学院人文科学研究科修士課程修了。『フリーターにとって「自由」とは何か』（人文書院）でデビュー後，さまざまな媒体で文芸・アニメ・マンガと労働・貧困問題、障害者福祉を架橋する批評を執筆し評価を得る。すばるクリティーク賞選考委員，『対抗言論』編集委員。著書に『宮崎駿論』（NHKブックス），『ジョジョ論』『戦争と虚構』（作品社），『安彦良和の戦争と平和』（中公新書ラクレ），『非モテの品格』（集英社新書），『無能力批評』（大月書店）ほか。

装丁　鈴木衛（東京図鑑）
カバー・目次イラスト　東京幻想

ジャパニメーションの成熟《せいじゅく》と喪失《そうしつ》
——宮崎《みやざき》駿《はやお》とその子《こ》どもたち

2021年8月23日　第1刷発行

定価はカバーに
表示してあります

著　者　杉田俊介
発行者　中川　進

〒113-0033　東京都文京区本郷2-27-16
発行所　株式会社　大　月　書　店
印刷　三晃印刷
製本　中永製本
電話（代表）03-3813-4651　FAX 03-3813-4656　振替00130-7-16387
http://www.otsukishoten.co.jp/

ISBN978-4-272-61241-3　C0074　Printed in Japan

アリーテ姫の冒険

ダイアナ・コールス著
ロス・アスクィス絵
四六判九六頁
本体一五〇〇円

ケア宣言
相互依存の政治へ

ケア・コレクティヴ著
岡野八代ほか訳
四六判二二四頁
本体二二〇〇円

ふるさとって呼んでもいいですか
6歳で「移民」になった私の物語

ナディ著
四六判二四〇頁
本体一六〇〇円

ファシズムの教室
なぜ集団は暴走するのか

田野大輔著
四六判二〇八頁
本体一六〇〇円

大月書店刊
価格税別